AF453327

LES HEURES RURALES

Marc DUBRUEL, S. J.

LES HEURES RURALES

Préface de L. Théron de Montaugé

Mainteneur des Jeux-Floraux.

APOSTOLAT DE LA PRIÈRE - TOULOUSE
:: :: :: 9, RUE MONTPLAISIR -:- 1929 :: :: ::

PRÉFACE

« Voici des fruits, des fleurs, des feuilles, et des branches » (1).

Imaginez un village du Sud-Ouest, languedocien, gascon, avec les multiples différences d'architecture locale ou de paysage rustique.

Une rue, plane ou montante, silhouette son ossature dans la vallée ou à flanc de coteau. En arrière des maisons qui bordent inégalement cette rue, — car ce village n'est pas neuf et chaque âge y a fixé sa marque, — s'étendent, plats ou descendants, des jardins, de ces « courtils », anciens et desuets, qui ont gardé le charme de celui que décrit la chanson : « Dans le jardin de mon père. » Il s'en exhale un parfum de vieille France et l'œil s'y repose délicieusement à voir la simple ordonnance des carrés de légumes, balisés de poiriers en quenouille, avec des touffes de fleurs vivaces à leur pied, des giroflées éclatantes et odorantes au printemps, des chrysanthèmes nuancés à l'automne...

Alentour se déploie l'éventail multicolore des champs.

C'est le village, ce sont les maisons et les jardins des « semainières », que le gros hiver, brève saison du répit agricole, ramène, en triple et gracieuse avalanche, dans le plus vaste enclos, toujours hospitalier, de la Villa Emmanuel.

Elles y retrouvent leurs sœurs des métairies prochai-

____

(1) VERLAINE. Aquarelles. *Green.*

*nes, qu'isolent du village les champs cultivés et qu'en
rapprochent les routes droites aux beaux arbres ou les
chemins, encadrés de talus et de haies vives, où le vent
se brise en sifflant.*

*Lors de leur venue à Toulouse, capitale de toute leur
région, distributrice de valeurs diverses — et même spi-
rituelles, — elles apportent, de chez elles, rien que par
leur présence, leur attention et leur babil, une émana-
tion villageoise. toute frémissante de vie salubre, au
foyer de rénovation qui les accueille et qui va compter
sur le rayonnement de leurs influences exercées, pour
celui dont le feu intime et puissant brûle ici dans le
sanctuaire de l'apostolat professionnel...*

*Des savoureuses « Méditations », goûtées dans cet
abri de choix, elles retrouveront la substance et la grâce
dans celles que leur suggère, chaque mois, la Semaine
Agricole, écho du sanctuaire et de l'enclos, inoubliés.*

*A les lire, ne percevront-elles pas encore la voix du
Père Dubruel qu'elles ne se lassaient pas d'entendre?*

*Cette voix, que leurs oreilles n'entendront plus, mais
dont le son est demeuré en leur mémoire auditive et
dans leur souvenir le plus profond et le plus spirituali-
sé, ne pourraient-elles en sauver, du moins, l'inspiration, elle, toujours vivante, et, sans feuilleter la collec-
tion volumineuse de la Semaine Agricole, saisir, à portée de la main, un livret, qui la restitue, aux heures où
la pensée diligemment s'oriente vers le conseiller, désormais lointain pour les yeux, toujours proche et ac-
cueillant pour l'âme qui le cherche?*

*Ce vœu est l'objet d'une édition des Heures rurales,
du fondateur, de l'animateur et du protecteur des vail-
lantes « Semaines Agricoles ».*

Les semainières n'y reliront pas toutes les Médita-

*tions à peu près mensuelles qu'elles avaient pu recueil-
lir, car les éditeurs de ces pages ont choisi presque uniquement celles dont le rythme horaire se trouve être
aussi l'un des plus récents sous la plume du Père Dubruel.*

Leur ton n'est plus tout à fait celui des Méditations
précédentes.

*Elégamment substantiel jusque-là, énergique ou insi-
nuant, toujours calme, il devient pressant et décisif;
l'allure en est surtout primesautière. Y aurait-il sur-
abondance de spontanéité? Rarement. La verve et la
variété du ton ne volatilisent en rien le jaillissement
de l'inspiration la plus profonde. La vie y apparaît,
dès l'abord, supérieurement équilibrée par la prière,
celle de* la première heure du jour *et celle qu'animera,
un peu plus tard, la* méditation proprement dite, *dont
la méthode, très simple et très ferme, est si intelligem-
ment proposée.*

*Du reste, les multiples heures du jour prennent main-
tenant, chacune, un sens et une valeur d'élite. Nous en
voyons défiler un bon nombre, telles que :* l'Heure du
ménage, l'Heure de la visite au bourg, l'Heure du repas, l'Heure de la basse-courrière, l'Heure du goûter
des moissonneurs l'Heure de la couture, l'Heure d'ar-
roser mes fleurs, l'Heure de la vaisselle, etc...

*Auant de petits chefs-d'œuvre d'ingéniosité apostoli-
que, de gaîté fortifiante, d'indulgente rigueur, de capti-
vante idéalité ou de réalisme poignant, autant de pages
attendries et persuasives, allègres et conquérantes, où
flotte le souffle de la vie.*

*Elles s'achèvent, dominées par quelques tableaux de
genre : une scène d'intérieur, la* Veillée, *qui vaut un*

« *Greuze* », *d'intimité rustique et familiale.* La dernière minute, *qui se trouve être, avec l'adieu de la semainière à sa journée avant le sommeil de la nuit, la suprême exhortation du Père Dubruel, la dernière publiée par lui dans la* Semaine Agricole, *et dont le conseil garde, pour ainsi dire, une voix d'outre-tombe à l'adresse de celles qui le méditeront désormais.*

Vers l'aérienne limite des perspectives de ce volume, glanons encore, parmi les notes brièvement dispersées de la voix qui s'est tue, cette ultime Méditation sur la saison d'automne *et qu'elle s'élève, au seuil à peu près terminal de ces pages, comme une tonnelle accueillante de pampres offerts.*

« *C'est la fin de l'année agricole.*

« *Sur les coteaux la vigne achève de mûrir son fruit.*

« *...Oh! que les âmes soient transformées en Jésus-Christ comme sont transsubtantiées en lui les humbles productions de nos terres françaises.* »

« Voici des fruits, des fleurs, des feuilles, et des branches ».

La poésie de nos horizons, de nos demeures, de nos coutumes familiales, de nos champs et de nos vergers, de nos paysages et de nos âmes où se reflètent ces images du terroir, de nos âmes immortelles et de nos corps périssables, de notre vie qui est sans doute une épreuve, mais qui vaut tant d'être vécue, la poésie de notre devoir, en somme, est dans ce livre.

Qu'il déborde le jeune auditoire, ancien déjà et conquis, des semainières et qu'il prolonge et perpétue l'incessante mission du Père Dubruel, à travers le sol emblavé, à l'ombre des clochers de France.

Louis THÉRON DE MONTAUGÉ.

I

MÉDITATION SUR LES HEURES

Vous rappelez-vous? Nous avons lu, en Semaine Agricole, le poème de Louis Mercier sur l'Horloge :

> « Elle a l'air vaguement humaine
> « Avec sa face d'émail blanc,
> « Et sa robe couleur de chêne
> « Où bat son cœur rythmique et lent...

Un esprit ponctuel et diligent l'anime
Elle est dans la maison comme un Dieu du travail
Et chacun obéit aux volontés qu'exprime
Son doigt de fer rigide, allongé sur l'émail.
Suivant l'heure, sa voix indulgente ou sévère
Accorde le repos ou réclame l'effort;
Elle assigne aux vivants les œuvres qu'il faut faire
Avant de posséder la paix où sont les morts.

Voulez-vous, nous méditerons cette année sur les heures que marque l'horloge.

Les heures qui font vivre et les heures qui meurtrissent.

Sur un cadran solaire j'ai lu jadis la phrase :

« *Vulnerant omnes, ultima cædit...* »

Toutes nous blessent, la dernière nous tue...

Ce qui est vrai... et ce qui est faux : car le temps vivifie tout autant qu'il mortifie, le tout est de le bien prendre et d'en bien user.

L'*Angelus* sonne... Quelle heure est-il? Pour les gens de la ville, il est cinq heures, six heures... pour nous, une heure de moins.

Faut-il qu'en ville... on soit naïf et paresseux! Pour faire lever un peu plus tôt les citadins, il a été nécessaire, mais il a suffi, de leur affirmer : « Vous savez, le soleil dit qu'il est six heures, mais il ment : il est bien plus tard... Oust, il est sept heures, levez-vous, paresseux, vous allez manquer le train! »

Oui-da... mais c'est l'horloge qu'on a fait mentir... et les citadins pourtant se lèvent!

Pas besoin de nous mentir à la campagne... puisque le soleil est debout, puisqu'il fait jour, qu'on peut travailler, qu'à l'étable déjà depuis un moment les vaches tirent sur leur chaîne, que les coqs enfermés ont déjà plus d'une fois chanté à plein gosier : debout, fille des hommes, viens saluer le soleil, reprends ta tâche et soigne les humbles collaborateurs du travail humain...

Oui, mais c'est l'*Angelus* qui te réveille... Trois fois, tintent ses coups grêles, puis à toute volée, la cloche remplit de son harmonie matinale jusqu'à l'horizon l'espace où, dans la buée, toutes les choses sont presque bleues.

Oh! c'est bien juste de rappeler, dès notre réveil, le grand mystère du christianisme : l'Incarnation du Fils de Dieu!

Que serions-nous si le Verbe ne s'était pas fait chair et n'avait pas habité parmi nous?

Se serait-il fait chair, aurait-il habité parmi nous, si la Sainte Vierge n'avait pas accepté sa vocation et répondu à la proposition de Dieu : « Voici la servante du Seigneur! »

Que serait-il arrivé de nous si dans sa miséricorde le Père très bon et très saint n'avait pas envoyé son ange faire à Marie l'annonce de la bonne nouvelle... le premier Evangile, suivant l'étymologie de ce mot grec?...

Sonnez, petite cloche de mon clocher villageois, sonnez avec toutes les cloches de mon diocèse, de mon pays, du monde entier, pour me rappeler, dès mon réveil, la merveille des merveilles : le Fils de Dieu s'est fait homme pour que je devienne enfant de Dieu.

Grâce à ce miracle, la journée que je commence n'est pas seulement une journée de pure et simple créature, vouée aux humbles tâches du

travail nécessaire pour produire mon pain, c'est
une journée d'homme divinisé, de chrétien qui
mérite le Ciel, la vie avec le Christ.

Oh, la jolie, et sainte, et juste prière du matin
que l'*Angelus* dit au réveil, pour commémorer le
mystère de l'Incarnation et ses suites ineffables.

Après cela, je puis dire l'offrande de l'*Apostolat de la Prière* (1).

A l'avance de Dieu se donnant à moi, je ré-
ponds par le don de ma journée et de moi-même
en cette journée.

La vieille horloge a sonné l'heure du réveil...
de l'église, la cloche fait écho à son ordre de re-
prendre ma vie.

Allons, debout, sans lanterner, sans perdre mon
temps à m'étirer... Debout, et puis à genoux tout
de suite : « l'Ange du Seigneur annonça à Marie... »

(1) Divin Cœur de Jésus, je vous offre par le Cœur immaculé de
Marie les prières, les œuvres et les souffrances de cette journée en
réparation de nos offenses et à toutes les intentions pour lesquelles
vous vous immolez continuellement sur l'autel.

Je vous les offre en particulier... (ici énoncer l'intention du mois
bénie par le Souverain Pontife).

II

LA PREMIÈRE HEURE DU JOUR

Le P. Directeur a reçu la lettre suivante... qui l'a dispensé d'écrire sa méditation de novembre :

Mon Révérend Père,

Vos rurales se sont éveillées, au premier tintement des cloches, elles ont récité l'*Angelus*... je réclame, pour la vieille mère de famille que je suis, le privilège de continuer la méditation.

Oui, mon Révérend Père, une méditation sur la toilette : vous n'y entendez pas grand'chose... et d'ailleurs, cela ne vous regarde pas.

Oh! je sais bien que votre P. saint Ignace, — vous nous l'avez dit en retraite, — a bien parlé, quelque part, de la manière dont l'esprit devait s'occuper pendant... cette opération... matérielle.

Oh! le saint homme!... on voit bien qu'il était chauve : le souci de démêler ses cheveux n'était point si absorbant qu'il ne put, au-dessous de ce qui lui en restait, diriger ses idées!

Mais, tout de même, il y a du très bon dans son conseil; quelques bonnes pensées pieuses, quelques courtes invocations pendant qu'on vaque à sa toilette sont une utile diversion, une sauve-garde, une préparation à la prière, à la médita-tion qu'on va faire, une belle offrande au Bon Dieu des prémices de sa journée, une bonne habi-tude prise de mêler, tout au cours des actions qui vont se dérouler, le long des heures, le spiri-tuel au matériel.

Il recommande, en particulier, de bien fixer son attention sur le point spécial de sa conduite qu'on veut surveiller, sur le défaut qu'on veut corriger, de prendre, à cet égard, des résolutions énergi-ques et que le secours de Dieu, humblement im-ploré, rendra efficaces.

Le vieux saint est pratique; du jour de sa con-version, il avait renoncé à s'y connaître en colifi-chets, mais, il connaissait les âmes, qu'il est plus utile de parer que le corps.

Les idées des Saints, — je veux dire des Sain-tes — sur la toilette!

Sainte Thérèse recommande la propreté : c'est une demi-vertu, disait-elle.

Non, c'est une vertu entière... si l'on veut la bien comprendre.

Elle est hygiène... c'est quelque chose; l'hygiène est une précaution prescrite par Celui qui nous défend de nous suicider.

Que de suicides... involontaires... mais réels cependant et en quelque manière coupables, — puisqu'ils sont causés par la négligence, — sont imputables à une insuffisante propreté corporelle. Le microbe pullule sur une peau mal lavée, dans des ongles trop longs et sales..., est..., etc..., je n'insiste pas.

****

La propreté est plus encore respect de son corps, temple du Saint-Esprit.

Oh! je sais bien... on objecte les Pères du désert... et saint Benoît Labre!

J'admets... toutes les inspirations du Saint-Esprit qui veut apprendre à l'homme à réagir contre les délicatesses exagérées. Il a bien poussé sainte Appollonie à se jeter, vivante, dans le feu du bûcher qu'on lui préparait. Mais, il paraît que les théologiens ont quelque mal à bien expliquer cette histoire. Ce n'est pas notre affaire à nous, femmes, d'étudier les raisons qui ont fait agir les Saints... malpropres. Affirmons que la Sainte Vierge ne l'était certainement pas et que nous, les membres de son Fils, nous avons l'obligation, par respect pour Lui, de tenir dignement et proprement notre corps.

Ne le salissons pas de crème et de cosmétiques... survivance, parmi les civilisés, de manies

de sauvagesses. Les voyageurs se moquent de ces
pauvres femmes qui s'ensuiffent... que faut-il
donc penser des graisses colorées dont certaines
françaises s'enduisent? Hélas, il y a longtemps...
et c'est à cause de ces précieuses graisses que les
traités de politesse du XVIe siècle recomman-
daient à nos arrières grand'mères de ne se laver
le visage qu'une fois par semaine! Quel chef-
d'œuvre aurait détruit une ablution quotidienne...
Et c'est aussi pour cela que les grandes dames de-
vaient user et abuser de parfums... indiscrets.

Propreté, c'est charité pour les voisins. Au fait,
les Pères du désert étaient des solitaires... il leur
était permis d'être sales : cela ne gênait personne... et saint Benoît Labre voyageait... au
grand air.

Propreté s'accorde, du reste, à merveille, avec
réserve et modestie; même toute seule, la jeune
fille demeure sous le regard de Dieu et la sau-
vegarde de son Ange.

Il y a des libertés qu'une chrétienne ne prend
pas : ce n'est ni pruderie, ni scrupule, c'est justement respect de ce temple du Saint-Esprit, de ce
membre de Jésus-Christ que nous ne cessons pas
d'être.

Les Saints, — nos conseillers, — vont-ils permettre quelque élégance à notre parure matinale?

Avez-vous remarqué que les costumes religieux dessinés par les Saints sont souvent seyants à ravir? Le voile noir sur la guimpe blanche, la bure marron et le manteau de flanelle crème font un cadre harmonieux au visage frais de la petite Thérèse de l'Enfant-Jésus... Ververt, — mais c'est un perroquet de mauvaise langue, — insinuait même qu'à la Visitation de Nevers, la manière de placer son voile avait, pour les bonnes religieuses, une certaine importance.

Vous n'êtes pas religieuses... Saint François de Sales vous permet, dès le matin, une certaine élégance.

Vous mettrez ainsi dans la maison, dans votre travail le plus vulgaire, une note de joie, de beauté...

Cela vous aidera à conquérir un mari, — Saint François de Sales le dit nettement, — et plus tard, cela vous permettra de retenir le mari conquis... ce qui est beaucoup plus difficile! Absolument comme pour le traité de Versailles!

J'arrête là ma méditation et me retourne vers vous, mon Révérend Père, en vous priant de m'excuser d'avoir usurpé votre rôle... Avouez que j'y ai été plus à l'aise que vous ne pouviez l'être... et veuillez agréer, mon Révérend Père, l'expression du très profond respect avec lequel je suis, de votre Révérence, l'humble servante en Notre-Seigneur.

Une vieille maman.

III

L'HEURE DE LA PRIÈRE

Ma toilette est presque achevée... Si je l'achève absolument, j'ai un peu peur d'être tentée de sortir tout de suite de ma chambre et de répondre trop tôt aux appels de mes occupations ou de mes plaisirs.

Faisons-nous attendre, ô mon âme, pour donner à Dieu le temps qui lui est dû; et pour que la tentation d'empressement soit contrebalancée par la coquetterie... n'achevons pas une parure, nécessaire aux yeux des hommes, mais que le bon Dieu ne réclame pas de ses servantes : qu'elles soient modestes et respectueuses... elles peuvent faire leur prière sans avoir enlevé leurs « bigoudis... »

La prière du matin!
Elle doit être vocale et mentale. Vocale... oui; nous avons une voix, comme les oiseaux, pour chanter notre créateur. Corps et âme doivent un

salut le matin à Celui qui nous a donné l'un et
l'autre.

Un salut que nos lèvres disent et que le Cœur
de notre Père du Ciel entend. C'est politesse... et,
vis-à-vis de Dieu, le mot « politesse » se prononce « adoration ».

Politesse, c'est respect; respect, suivant le mot
de Pascal, c'est « incommodez-vous... ». Pour
prendre l'attitude sans laisser-aller qui convient
devant un supérieur... et devant le Supérieur infini qu'est notre Dieu! Pour cet acte de politesse
matinale qu'est la prière, l'attitude qui convient,
c'est « à genoux ».

Oui, à genoux, un moment. Pas très long, mais
suffisamment long. Le temps de réciter posément
les prières usuelles. Celles du catéchisme si vous
voulez... à tout le moins les trois admirables formules :

le « Notre Père » enseigné par Notre-Seigneur
Jésus-Christ;

le « Je vous salue » enseigné par l'Ange qui ho-
nore Marie;

le « Je crois en Dieu » enseigné par les apô-
tres et qui est la magnifique profession de
notre foi en l'amour de Dieu pour nous.

Ces trois formules... et quelques autres, pas
trop nombreuses, pas trop compliquées, pas sans
cesse accrues de dévotion et d'invocation nouvel-

velles; mais récitées assez lentement, respectueu-
sement... en les pensant avec amour.

Après quoi vous pourrez vous asseoir et vous
ferez votre méditation.

Mais oui, « votre méditation ».

Je répète : toutes vous ferez votre méditation.
Le Pape Innocent XI avait chargé le P. de la
Chaize d'en imposer la pratique quotidienne à
son pénitent, le roi Louis XIV... pendant un demi-
quart d'heure.

Etes-vous plus occupée que le grand Roi? Un
demi-quart d'heure, sept minutes et demie, est-ce
trop?

Beaucoup diront : « Ce n'est pas assez » et je
suis de leur avis. Mais je me contente d'un demi-
quart d'heure pour toutes. Les ferventes feront da-
vantage.

Pourquoi donc toutes doivent-elles faire leur
méditation?

Je le dis en deux mots :

D'abord, pour que la partie la meilleure, la
plus haute de leur être, rende à Dieu son hommage propre et particulier. L'Eglise n'a jamais
fait sien le blasphème contre les femmes du juif
allemand, Henri Heine, qui les définissait : « Un

animal aux cheveux longs et aux idées courtes. »
(Aujourd'hui, il dirait de quelques-unes : aux
idées aussi courtes que leurs cheveux). Non, la
femme a des idées hautes, sublimes, profondes,
venant de sa tête et de son cœur. Ce sont ces idées
dont il faut, chaque matin, faire hommage au bon
Dieu.

Et puis, ces idées ont besoin d'être précisées,
étendues, enrichies. Précision, extension, enrichis-
sement qui sont l'œuvre de la méditation quotidienne.

Il faut la faire.

Mais comment la faire?

C'est ce que nous méditerons le mois prochain.

IV

L'HEURE DE LA MÉDITATION

I

Il faut donc faire ma méditation? Ai-je le temps?

Je l'ai un peu rogné par le bout d'avant... Seigneur, pardonnez-moi, j'ai un peu lanterné en me levant, un peu musardé pendant ma toilette... mais ce sera mieux demain.

...Tiens, mais il me semble qu'en vous parlant, Seigneur, j'ai mis en pratique la première notion sur la méditation qu'on m'a donnée à la Semaine Agricole. Je vous parle, donc je sais que vous êtes là, près de moi, me regardant, attentif à ce que je vais faire.

Vite, à genoux, car, Seigneur, je sais que vous êtes le Souverain Maître de toutes choses, je vous adore, je reconnais que je ne suis rien devant vous, mais que je vous aime... que je ne puis rien sans vous, mais que je désire bien vivement arriver à faire une bonne, sainte, utile... et même intéressante méditation. Seigneur, aidez-moi!

II

Maintenant, voulez-vous me permettre de m'asseoir? Je réfléchis mieux assise... quand je ne sens pas mes genoux... et puis je vais prendre un livre... parce que, voyez-vous, Seigneur, c'est trop difficile pour moi de méditer de mémoire.

Un bon petit livre, de ceux que vous avez fait écrire par les Saints pour les hommes : un de ceux que vous avez dictés. Vous-même aux auteurs inspirés : l'Evangile, Psaumes de David... ou dont vous avez donné l'idée à vos bons amis, l'auteur de l'Imitation, le vieux Rodriguez, Mgr Gay... et les modernes, — que m'importe!... ou encore mon paroissien... C'est lui que je prends aujourd'hui.

Donc, un livre... Vous permettrez aussi, Seigneur, que je prépare un papier et un crayon... si mon esprit venait à s'égarer je le ramènerai à vous, en écrivant ce qui me viendra à la tête et au cœur... de votre part...

III

Me voici donc prête : devant vous, je lis lentement mon paroissien qui s'est ouvert à l'hymne des Vêpres de Noël.

Jesu Redemptor omnium...

> O Jésus, Rédempteur de tous,
> Qu'avant l'aube de la lumière

> Egal à la gloire du Père
> Le Père Suprême enfanta (1).

Est-ce que je comprends bien... voyons de près... Que signifient ces quatres vers? Tous les mots m'en sont connus... mais la réalité profonde qu'ils expriment l'est-elle aussi, connue, goûtée, aimée?

a) Celui qui naît dans la crèche est un Rédempteur... Rédempteur celui qui rachète... Il y a donc de pauvres gens, vendus, esclaves... Oh! je n'ai pas rencontré de vrais esclaves, mais j'ai entendu parler de ce qu'étaient dans l'antiquité ces misérables, pris à la guerre ou fils de captifs qui n'avaient pas de famille à eux, qu'on pouvait séparer de leurs femmes, de leurs enfants, de leurs parents, vendre au loin, à n'importe qui; on m'a décrit ce qu'était l'esclavage des nègres... c'est un fait d'hier. Le Cardinal Lavigerie, dont on vient de célébrer le centenaire, a su obliger l'Europe à en arrêter le trafic... Etre esclave, c'est affreux!

Racheter un esclave..., quel acte de charité sublime!...

Mais si l'Eglise antique a aboli l'esclavage, si un homme d'Eglise, au XIXe siècle a su être le rédempteur définitif de millions d'esclaves noirs...,

(1) J'emprunte la traduction rythmée de cet hymne à un article excellent de M. Pierre Paris, paru dans le *Bulletin National des Instituteurs et Institutrices catholiques de l'Enseignement Public* (décembre 1925, p. 112).

c'est qu'en une nuit dont celle de Noël est l'anniversaire..., il y a 1.925 ans, un Rédempteur était venu sur la terre ;

b) Mais rédempteur de qui... l'hymne dit « de tous... »

Eh! quoi, tous étaient donc esclaves... moi comme les autres? Hélas! oui, depuis le péché de notre premier père. Esclaves! et de qui, Seigneur!...

Hélas! de maîtres durs... et ignominieux, pires même que les négriers arabes qui razziaient jadis les villages de l'intérieur de l'Afrique, organisaient sur les pistes du désert, jalonnées d'ossements humains, des chaînes de forçats dont bien des unités mouraient en route et tombaient sur les cadavres, à demi dévorés, des victimes de la chaîne précédente... et sur la côte, vendaient les survivants aux marchands d'hommes!...

Le démon et mes passions : voilà les maîtres d'esclaves qui exploitent et tuent l'humanité!

Quelle honte... et que de douleurs dans le temps et l'éternité sont la suite de cet esclavage!

Et tous les hommes naissent sous ce joug, tous le porteraient toute leur éternité... si vous n'étiez pas venu, ô mon Jésus...;

c) Quelle reconnaissance alors dois-je avoir pour Vous... comment Vous dire combien je Vous aime pour cette miséricorde!

Quelle attention je dois apporter à ne pas me

revendre au démon et à mes mauvaises convoitises!

IV

. . . .

— « Marguerite... ou Madeleine... qu'est-ce que tu fais dans ta chambre?... Tu n'as pas encore fini ta toilette?... Voilà une demi-heure déjà que je ne t'entends plus bouger! »

Pas possible!!! J'ai fait une demi-heure de méditation... et rien qu'en me posant sur le premier vers de l'hymne de Noël ces trois questions dont on m'avait parlé pendant la Retraite :

Qu'est-ce que c'est qu'un Rédempteur?

Pourquoi... fallait-il un Rédempteur?

Comment reconnaîtrai-je ce que je dois à mon Rédempteur?

Seigneur..., sur ce premier vers, il y aurait encore bien des choses à penser... et à vous demander... ce sera pour demain... et je continuerai après-demain et tous les jours!

Permettez-moi d'embrasser avec amour les pieds sacrés de l'image sainte de Vous qu'est mon crucifix!

Au revoir, Seigneur Jésus...

. . . .

« Maman, je descends! »

V

LE PREMIER SALUT A MES PARENTS

Le Père : — « Tandis qu'à l'étable je surveillais le pansage de nos bêtes, j'attendais, ma fille, l'heure où tu descendrais de ta chambre. Tu ne connais pas les attentes secrètes du cœur de ton vieux père et tu n'as pas surpris la recherche de toi que font, sous ses sourcils broussailleux, ses yeux souvent humides.

« Ma fille!

« Depuis le jour où j'ai reçu dans mes bras, il y a dix-huit ans, ton petit corps frêle et mignon, une source infinie de tendresse pour toi s'est ouverte dans mon cœur : je croyais au jour où j'ai épousé ta mère, avoir donné d'amour tout ce que je pouvais concevoir, et voici qu'au moment de ta naissance, quelque chose de nouveau, pareil et différent, a fleuri, en moi, à cause de toi.

« Les jours ont passé : je t'ai accompagnée à la sainte Table, le jour de ta première communion... moi, qui n'avais pas voulu accorder à ta mère la joie de communier auprès d'elle le jour de Pâques. Je te dois d'avoir retrouvé mon Dieu... et pour cela aussi je t'aime d'un amour que tu ne soupçonnes pas...

« Maintenant, te voilà grande et jolie et pure. Je te suis reconnaissant, moi ton père, d'avoir incarné dans ma maison l'idéal de beauté et de sainteté qu'avait rêvé ma jeunesse. Je ne l'ai pas réalisé moi-même en moi-même... mais si tu devinais comme je suis heureux et fier de l'avoir vu naître en toi, de moi !

« Toutes ces choses intimes, je ne te les dis pas, je ne les écris pas pour toi... si j'allais te donner de la vanité !... Je flétrirais, par là-même, le charme que je chéris en toi !

« Non, je me tais, mais je guette le moment où tu sors de ta chambrette pour te mêler à notre vie.

« Pour ta mère et pour moi, ta présence et ton affection, ta pureté et ta gaîté sont la récompense terrestre de bien des larmes, de bien des fatigues.

*
* *

« Mais quand tu oublies, ma fille, de venir présenter à mes baisers ton front sans ride ; quand tu passes auprès de ton vieux père sans avoir l'air de le remarquer, quelle morsure je sens au cœur !

« Alors je doute de mon œuvre et je me demande tout bas, si je ne pare pas de mérites imaginaires l'enfant de mon amour. Est-elle aussi pure, est-elle aussi bonne que je l'avais pensé ?

« Ma fille... après avoir prié ton Dieu, viens passer tes bras au cou de ton vieux père et mettre sur son cœur ta tête charmante.

« Il en sera plus courageux toute la journée et mieux gardé par ton image contre les tentations mauvaises ou déprimantes.

« Pare-toi pour lui... c'est une coquetterie permise. Puis, j'espère qu'au cours de la journée, aux heures lourdes, tu viendras regarder mon travail : la fraîcheur de tes yeux, la douceur de tes lèvres me seront un repos.

« Au crépuscule, sauras-tu me chercher? Nous regagnerons ensemble la maison, la main dans la main sans parler peut-être, mais nous comprenant à fond.

« Voici ce que je disais tout bas, tandis que je flattais de la main dans l'étable mes belles vaches à l'œil confiant. Mon oreille se tendait vers le bruit léger de ton pas dans l'escalier et vers l'écho du baiser joyeux que tu allais donner à ta mère...

« *Pour copie conforme,*

« Marc Dubruel. »

N.-B. — Le quatrième Commandement de Dieu nous prescrit de rendre à nos parents le culte filial qui leur est dû. A la première rencontre du jour, ce culte a ses rites traditionnels, saints et doux. Est-ce que je m'en acquitte chaque matin comme mon Dieu le veut, et comme mes parents le désirent et en ont besoin?

VI

L'HEURE DE LA BASSE-COURIÈRE

Un grand branle-bas d'ailes et de gloussements.

J'ai ouvert la porte basse de mon poulailler et les poules se précipitent... vers la lumière et la basse-courière. Oh! les jolies poules de Caussade, agiles, toutes noires avec leurs pattes courtes, fines et lisses, avec leur crête tombant sur l'oreillon blanc comme un béret gascon.

Et quelles pondeuses! Tout à l'heure, quand je visiterai les nids, je trouverai, même en ces premiers jours de janvier, plus d'un œuf tout blanc et de belle taille.

Je songe avec mélancolie qu'il va falloir en choisir quelqu'une de celles qui ont trois ans, pour lui faire terminer sur notre table sa carrière utile... Mélancolie, est-ce bien loyal d'en parler?... En tous cas, elle est bien tempérée par une espérance gourmande! — c'est un succulent rôti qu'un poulet de Caussade et les poules — pas trop vieilles — ne le cèdent guère aux poulets. Seigneur..., pardonnez-moi ce mot de sensualité!

Piot, piot!... après les poules, les dindes et le dindon. Les femelles vont être préparées pour le couvoir : il nous faut des poulets et des poulettes précoces et ces braves dindes vont commencer leur vie austère de dévouement aux enfants d'autrui. Je voudrais bien qu'aucune ne mourût à la tâche et je ferai mon possible pour l'éviter. Quelle destinée, tout de même... encore une créature au service de l'homme!

Quant au dindon, c'est un gros vaniteux imbécile : le voilà qui fait la roue parce que je le regarde! Cela ferait détester la coquetterie!

Voici mes oies de Toulouse et le jars. Celui-ci a une autre espèce d'orgueil... Il s'en va, le bec en l'air, menaçant le ciel comme un franc-maçon de marque et aussi stupide... les oies le suivent bêtement, le cou tendu, traînant leur ventre duveteux entre leurs pattes couleur peau d'orange. C'est bête, mais ce sera bon à manger et, après tout, ces oies sont la gloire de la ferme toulousaine.

Un tour chez les lapins... il y en a de toute espèce, lapins communs, lapins géants, lapins à fourrures. Pas fiers, tranquilles, sans inquiétude sur leur destin... qui est pourtant la casserole et

la table du fourreur : vrais modèles de résigna-
tion à son sort.

Voilà le domaine productif de la femme. Bien
tenue, la basse-cour fournit d'incomparables res-
sources, mais ce n'est pas sur cet aspect que j'ar-
rêterai aujourd'hui ma méditation.

Je demanderai bientôt à mon directeur de conscience d'écrire un savant traité sur

« Le rôle moral et social de la basse-cour! »
avec un appendice sur son influence religieuse.

Rôle moral, rôle social, par la bonne chère
qu'elle permet de servir sur la table familiale et
ce n'est pas rien! La table de famille... je me sou-
viens des beaux vers de Louis Mercier qu'on nous
lisait à la « Semaine Agricole » :

La table c'est la vie, et l'amour et la mort.
Lorsque les nouveaux-nés reviennent de l'Eglise,
A la table, devant la maisonnée assise
On leur fait boire un peu de vin loyal et fort;
....
Le jour des noces, c'est à la table d'abord
Que l'homme fait siéger l'épouse qu'il a prise
Et qui doit désormais garder, fière et soumise,
Le foyer et l'honneur des aïeux dont il sort;

Et c’est la table enfin qui la première pleure,
Lorsque quelqu’un des siens a quitté sa demeure
Pour le pays où nul n’a plus besoin de pain;

Car les nôtres, suivant un usage qui semble
Vieux comme l’existence et vieux comme la faim,
Quand ils ont enterré leurs morts, mangent ensemble!

Sur cette table qui est un centre de vie, les bêtes que j’élève m’aident à remplir ma tâche de gardienne du foyer; on s’y assoie plus volontiers qu’ailleurs, parce qu’en ma basse-cour j’ai su préparer, des mois et des mois à l’avance, la nourriture de choix qui y retient les miens.

Henri IV voulait qu’en chaque famille française on pût servir au moins une fois par semaine, la poule au pot. Et le peuple lui a su un tel gré de ce vœu qu’il a retenu de son règne ce trait unique et oublié tous les autres rois.

Vue de génie d’un roi social... mais qui n’entre dans le domaine des réalités succulentes et bienfaisantes, que si une femme soigne la basse-cour!

La femme restera à la campagne, si elle y soigne une basse-cour, parce qu’elle n’y connaîtra pas l’ennui.

Quand on a des couvées à élever, des pondeuses à surveiller, et tout le reste de ce ménage compliqué à refaire chaque jour, on ne s'ennuie pas à la campagne : les journées sont pleines.

Il y a chaque jour à la basse-cour du nouveau près de l'ancien. Nul travail n'est plus absorbant ni plus varié.

C'est la nature vivante s'améliorant par les soins de la ménagère et répondant par ses largesses à l'intelligence et à la continuité de ses soins : les petits qui naissent ont le charme de ces vies fragiles qui fait sourdre toujours dans le cœur maternel de la femme l'eau fraîche de la tendresse.

Pour être bonne basse-courière, il faut être constante et soigneuse. Quelle éducation de la volonté et quel dressage de l'attention!

Une négligence, une distraction se paient cher : c'est une couvée anéantie, c'est un poulailler ravagé par l'épidémie, c'est une race qui s'abâtardit, ce sont des frais, parfois énormes qui sont dépensés en pure perte.

Former les jeunes filles à cette fonction, ce n'est donc pas seulement les fixer à la campagne, mais c'est leur faire acquérir une valeur personnelle.

Un jour, un médecin-aliéniste, consulté sur le traitement à suivre pour guérir un petit scrupuleux, prescrivait : « Achetez-lui un âne, en le conduisant il prendra l'habitude du commandement et finira par se conduire lui-même et se décider! » Aussi bien et mieux il aurait fait, en ordonnant de le charger d'un poulailler... seulement les poules eussent été bien à plaindre! Je ne suis pas scrupuleuse, mais ma basse-cour me forcera à gouverner mon âme, à secouer mon indolence, à combattre mes distractions.

Enfin je produirai une richesse! Pour la maison, cette collectivité à laquelle je tiens par tout moi-même, ma vie ne sera pas inutile. Quand au retour du marché je déposerai sur la table le prix de mes œufs, de mes poulardes, le bénéfice de la vente des foies d'oie, je sentirai que je suis pour quelque chose dans la prospérité familiale... et si je regarde plus loin, dans la prospérité nationale. Riche pays que celui où la femme est une basse-courière émérite!

Mais comment ne pas monter jusqu'à vous, ô Dieu, auteur de la vie que je vois éclore sous les ailes de mes poules couveuses.

Quelles merveilles a réalisées votre toute-puissance dans ce miracle, qui ne nous émeut plus, tant il est banal sous nos yeux, qu'est la multiplication de la vie! Maître souverain de toutes choses, nous ne songeons pas à vous louer et à vous remercier... Et pourtant quel ouvrier a fait quelque chose de comparable à ce qui se passe sous les yeux de la basse-courière.

Un jour en une réunion publique, un conférencier athée disait : « Nous n'avons plus besoin de

Dieu... sans lui nous faisons dans les airs notre ascension sur les ailes de nos avions! » Un avocat chrétien lui cloua le bec, en lui objectant : « Cher monsieur, je consentirai à me passer de Dieu, quand vous m'aurez apporté un œuf d'aéroplane! »

L'éclosion de la vie, quand on sait la regarder, chante l'existence, la grandeur et la bonté de Dieu mieux encore que le hurlement des vagues de l'immense océan.

.   .   .   .

Et la douceur de Dieu, sa bénignité, son inconcevable condescendance pour l'humanité a été figurée par le divin Maître, par une image empruntée à une basse-cour :

« Jérusalem, Jérusalem, combien de fois ai-je voulu rassembler tes enfants sous mes ailes comme la poule fait pour ses poussins! »

.   .   .   .

Dieu accompagne à la ferme tous les pas que je fais et la pensée de Dieu ennoblit tout mon humble travail.

VII

L'HEURE DU REPAS

Relisons Louis Mercier *(Poèmes de la Maison)* :

La table un jour d'été, Les gens de la maison,
Le père, les grands fils, les tâcherons à gage
Qu'on garde tout le temps que dure la moisson,
S'acquittent de manger, comme on fait d'un ouvrage.

La femme, ainsi chez nous l'usage ancien le veut,
Esclave des travaux humbles et vénérables,
Demeure près de l'âtre et veille sur le feu,
Laissant les hommes seuls prendre place à la table...

Ils mangent sans rien dire et sans penser à rien...

C'est ainsi qu'on prenait jadis le repas de midi
chez les ancêtres montagnards du grand poète...
En Gascogne et Languedoc, et aujourd'hui, les
choses se passent autrement et pas plus mal, je
crois. La famille entière, père, mère, garçons,
filles, siègent tous autour de la table hospita·
lière... au moins pour le repas du soir... à midi
les petits ne reviennent pas de l'école lointaine.

L'absence des enfants fait que le rite n'est pas
tout à fait le même aux deux repas.

*
**

La prière d'abord.

A midi... un simple signe de croix, individuel,
mais ample et respectueux... qui sera répété avec
le couteau sur la miche de pain qu'on entame.
C'est tout et c'est grand, avant de faire l'acte indispensable au maintien de notre vie, que cette
invocation du Père, du Fils et de l'Esprit qui l'ont
créée, en se couvrant tout entier d'un geste qui
dessine sur toute la personne l'image de la Croix
rédemptrice, de la Croix sans laquelle il ne vau-
drait pas la peine de vivre, puisque elle assure
l'Eternité!

Mais le dimanche, le jeudi et, en outre, chaque
soir... bref, quand les petits sont rentrés à la maison, la cérémonie est plus solennelle encore.

Parmi les enfants entre sept et douze ans, il y
a un hebdomadier, un semainier, comme il y en
a — nous a dit M. le Doyen — parmi les chanoi-
nes de la Cathédrale!

C'est le prieur de semaine, celui qui récite
pour nous tous le *Benedicite* et les *Grâces*.

La petite voix monte dans le silence respectueux que tous gardent, elle monte jusqu'au trône
du Père du Ciel : le Bienfaiteur divin qui donne
leur pain aux hommes.

Elle monte... et le Bon Dieu comprend, même quand le petit écorche les mots consacrés... elle monte dans ce silence relatif qu'interrompent alors les rires étouffés... car les erreurs enfantines sont parfois si imprévues! Notre dernier, au jour où il atteignit l'âge de raison, prenant pour la première fois la semaine, ne s'avisa-t-il pas de lever ses grands yeux vers les solives du plafond, pour conclure pieusement son oraison par un « Vous qui vivez dans les araignées... » Il fallut lui expliquer que bien au-dessus du séjour de ces bestioles, vivait et « régnait » le Maître de la Terre et du Ciel!

Le repas de midi est presque silencieux : on s'entend si profondément qu'on n'a presque rien à se dire.

Et c'est bon cette muette fusion des âmes heureuses de goûter, dans la sécurité, un amour qu'on sait et qu'on sent partagé.

On parle pour confier un souci... santé d'un enfant, mauvaise apparence d'un semis tard levé, inquiétude devant la révolution montante ou la moralité en baisse.

Parfois, au contraire, c'est une bonne nouvelle qu'apporte une lettre ou le journal, ou une voisine.

Papa ne parle pas de la guerre, quelquefois je

vois qu'il y pense... et la tristesse de ce qu'il y
connut de souffrances et de séparations, et la tristesse surtout des déceptions qui suivirent la victoire, passe dans ses yeux. Mais je comprends
qu'il s'est fait une loi de chasser les souvenirs
déprimants : leçon d'hygiène morale pour moi.

Par principe, à la maison, on est optimiste...
Après tout, n'est-ce pas l'attitude qui convient à
des fils de Dieu convaincus que sur eux veille à
chaque instant une providence paternelle et toute
puissante?

Le repas du soir est autrement bruyant : les petits ont toujours à raconter quelque chose. Il paraît qu'on est jeune justement tant qu'on garde
la faculté de trouver le vieux monde tout nouveau
et de s'émerveiller des découvertes qu'on y fait.
Mes petits frères et mes petites sœurs sont des
Christophe Colomb qui aiment à nous décrire les
Amérique par eux découvertes chaque jour.

Pourquoi les empêcher d'en parler? L'âme de
l'enfant doit s'ouvrir toute grande aux regards des
parents, elle s'épanche par ses paroles..

J'ai remarqué pourtant le soin de maman de ne
laisser aucun de ses petits accaparer pour sa petite personne l'attention de tous : elle ne tolère
pas un mot de pose.

Papa rectifie d'un mot une idée fausse, achève

une pensée incomplète, relève la banalité d'une
appréciation.

Papa et maman ne cachent pas à leurs petits les
joies, ni surtout les soucis de la journée passée,
ni ce qu'on prévoit pour le lendemain. Point de
récrimination sur la dureté de la vie, encore moins
sur celle du métier : pour que les fils et les filles
aiment la terre, il faut que leurs père et mère ne
s'en plaignent point comme d'une marâtre ; mais
que dans leur conversation apparaisse le sérieux
de notre vie rurale autant que sa grandeur.

On ne tolère pas une dispute, pas même un
mot... je ne dis pas grossier, mais vulgaire. C'est
à table que l'enfant se forme aux bonnes maniè-
res... Je plains un peu mon frère le séminariste
qui, enfermé dans son pensionnat, ne reçoit pas
tout au cours de l'année ces leçons précieuses de
la table familiale !

Nul n'est autorisé à faire la petite bouche et à
refuser par caprice un plat moins flatteur pour
sa gourmandise... Il faut manger de tout... et remercier... car les pauvres seraient heureux si leur
table était servie comme la nôtre !

Au dessert, les petites têtes tombent parfois sur
les bras croisés à côté des assiettes encore à moitié
pleines...

Il est tard... on se réveille à peine pour les grâces. Allons, un tour de gambades afin de ne pas
trop dormir à la prière commune !

O repas en famille, opération nécessaire, mais
qui serait si vulgaire, — et qui l'est quand n'y
président pas l'amour mutuel et ce souvenir de
Dieu nourrissant tous les siens et formant les fils
et les filles par la parole du père et de la mère —
repas de famille dont je sens que j'aurai la nostal-
gie, s'il me faut un jour quitter ce foyer devant
lequel est dressée notre table... C'est une heure
sainte et douce pour laquelle, je vous remercie, ô
mon Dieu.

VIII

L'HEURE DE... LA VAISSELLE

« Pliez vos serviettes, les enfants... Récitez pieusement les grâces... et maintenant allez vous amuser ».

Et, devant la table dégarnie, papa se rassied dans le cercle lumineux de la lampe. Il allume sa pipe et étale quelques papiers tirés de son vieux portefeuille.

Pendant qu'il examine ses comptes et médite sur sa correspondance, nous autres femmes, nous faisons la vaisselle! Il n'en faut pas remettre le nettoyage à demain.

La vaisselle!... Résidu du repas humain... ces plats où les sauces ont refroidi autour des restes, ces assiettes encore maculées et graisseuses, ces os sur lesquels se sont acharnées les dents vieilles et jeunes, ces verres où traîne une tâche vineuse, ces couteaux, ces fourchettes souillées de fragments de nourriture, tout cela, entassé sur un coin d'évier, fait fuir la poésie et soulève un peu l'estomac. C'est laid, c'est fade...

Qu'avons-nous donc fait, en mangeant, de la belle ordonnance imposée aux assiettes immaculées, aux verres où jouait la lumière, à l'éclair métallique et pur des couteaux et des couverts astiqués? Cet amas innommable : une pile de vaisselle sale! Œuvre d'homme, œuvre d'homme, tu n'es pas belle... et tu ne reprendras **ta beauté** que si la femme sait vaincre sa **répugnance** et laver la vaisselle!

Voici **le baquet d'eau bouillante.**

Tu as peur d'y tremper tes doigts... qui vont y rougir outrageusement. Fille d'Eve... expie la vanité de tes mains jolies et trop soignées peut-être.

L'eau trop chaude te fait souffrir!... fille d'Eve, condamnée avec elle à enfanter la beauté dans la douleur.

L'eau bientôt graisseuse met sur ta peau délicate un revêtement malodorant et tenace!... fille d'Eve, fille d'Eve... il faut te souvenir des pauvres mains divines salies par la boue du chemin sur lequel Il tombait en portant la Croix!

Mains déformées, mains douloureuses, **mains** souillées à cause de nos péchés, mains meurtries et percées de clous, je n'aurai pas honte de mettre auprès de vous mes pauvres mains de laveuse de vaisselle!

Et voici que des récipients immondes la vaisselle est sortie... immaculée de nouveau!

Toute chaude à l'issue du dernier rinçage, elle passe sous la caresse — un peu vigoureuse — des torchons.

Ne cassons rien! On peut être soigneux, tout en allant vite, si on sait fixer son attention sur l'humble besogne.

De nouveau les jolies assiettes à fleurs s'empilent en tours régulières : assiettes plates d'un côté et de l'autre calottes, qu'on remplira demain de bonne soupe épaisse et fumante.

L'argenterie rustique — mais ancienne et solide malgré qu'elle soit légère à la main, — a retrouvé son pâle éclat discret, et j'ai tant frotté les couteaux avec un bouchon, mouillé au préalable et passé sur la pierre friable achetée chez le quincaillier, qu'il n'y reste, ni tache de fruit, ni tache de graisse, ni tache de rouille.

Plus rien qui macule les verres, pas même une buée légère. Ils reprennent leur place sur le dressoir, rangée de diamants énormes : sur leurs faces taillées se multiplient les flammes de la lampe et du foyer.

L'ordre et la propreté sont rétablis : ce qu'il y a de par trop matériel dans la réfection des hommes ne laisse plus de traces. J'emporte à l'étable le baquet des eaux grasses. Des animaux précieux, mais moins délicats que nous, en feront demain leurs délices et nous prépareront ainsi, à peu de frais, de succulents jambons.

Rien ne se perd à la ferme... mais beauté et richesse y sont, une fois encore, l'œuvre des sacrifices de la femme.

Mais qu'elle les accomplisse avec le sourire... sans se plaindre.

Et puis, qu'après ces besognes vulgaires, elle lave elle-même ses mains; que la bonne et saine odeur du savon de ménage — de ce savon de Marseille qui dissout les graisses les plus tenaces et laisse dans les doigts un parfum de lessive fraîche — fasse disparaître jusqu'au souvenir des manipulations mal odorantes... Que la fille laisse, près de l'évier, le tablier dont elle a protégé contre les émanations du baquet aux eaux grasses les vêtements, auprès desquels vont se blottir, tout à l'heure, les petits frères et les petites sœurs; que frôleront, sur le banc où l'on s'assoiera les uns près des autres, le père et les visiteurs venus pour la veillée... parmi lesquels est peut-être le fiancé de demain.

Faire très bien son ménage et rester avenante est un double devoir de charité, dont les exigences ne sont pas contradictoires.

***

Tout de même, si le Conseil municipal réalise un jour l'électrification des fermes isolées, je demanderai à papa... ou à mon mari, d'installer chez nous une machine à laver la vaisselle, pareille à celle que j'ai vu fonctionner à Purpan (1).

Mon Dieu, ce n'est pas, je vous assure, que je refuse de m'associer un peu — si peu — par ce travail fastidieux, au travail plus fastidieux que vous avez vous-même accompli pour... purifier notre pauvre humanité pécheresse; mais dans votre bonté, vous nous permettez d'user de la science et de ses découvertes pour alléger nos tâches humaines et les rendre moins ingrates.

Le temps que la fée-électricité, votre servante, me fera gagner, les forces qu'elle me permettra d'épargner, je les emploierai à me dévouer d'une autre manière pour les miens et pour vous.

(1) Ecole supérieure Libre d'Agriculture de Purpan (près Toulouse) rattachée à l'Institut catholique de Toulouse.

IX

L'HEURE DE LA VISITE AU BOURG

Je fais un peu de toilette pour aller au bourg!

Est-ce vanité, coquetterie? Je ne le crois pas; c'est respect. Le mot est un peu... grand, mais tout de même vrai.

Le bourg, c'est le centre de notre commune.

Chère petite commune rurale, où tout le monde se connaît, où tout le monde devrait s'aimer, où le voisinage, malgré les sottes rivalités, crée des intérêts communs, que nous devons administrer et défendre en commun.

Son centre est né au croisement des routes qui viennent des métairies ou qui conduisent aux villages voisins. C'est un lieu d'échange : les bourgs, les villages, les villes même les plus immenses naissent toujours en un lieu d'échange et c'est le volume de ces échanges qui détermine leur développement plus ou moins grand. Ce volume d'échange n'est pas très considérable chez nous, aussi notre bourg est-il assez petit; mais il a son foirail ombragé de vieux arbres, ses épiceries, ses merceries, son forgeron-mécanicien, son maréchal-ferrant, ses marchands de graines, son pharmacien, son boucher, son coiffeur. Auprès d'eux, il y a aussi ceux qui représentent les services d'un ordre social ou personnel plus élevé, notaire, percepteur, médecin, maître et maîtresse d'école.

Le bourg, c'est la société; la maison rurale, la ferme, la métairie, c'est la famille, mais le cadre social élémentaire, c'est la commune.

Pourquoi faut-il que les luttes politiques nous empêchent de nous sentir tous chez nous quand nous entrons à la mairie? Elle n'est pourtant pas la chose d'un parti, mais la maison de tous. Moi je l'aime et je ferai bien quelque chose pour l'embellir.

Je vais au bourg : faisons-nous belle un peu par respect pour cette chose grande et voulue de Dieu : notre vie sociale.

Le bourg... c'est l'église.

Son clocher domine les toits plats des maisons. Il monte vers le ciel au milieu des habitations presque accroupies sur le sol.

Il a une voix qui chante le matin, à midi, le soir, les louanges de Dieu, afin que la conversation des gens de notre terre ne soit pas toute de la terre.

Dans la nef, il y a les images des Saints et des Saintes que j'aime. Je suis marguillière de l'autel de la Sainte-Vierge. Petit travail, grand amour. Tout doit être propre et de bon goût. Je ne surcharge pas l'autel de fleurs de papier doré : je cultive dans le jardinet de ma maison les fleurs naturelles qui orneront l'autel de ma Mère; les vases sont nets, les chandeliers bien astiqués. Les cierges se tiennent droit. Le Pape Pie X voulait que le peuple chantât de beaux airs, afin de prier, comme il disait, « sur la beauté ». Moi je veux que ceux et celles qui viennent prier ma Mère du Ciel ne reposent leur yeux que sur de la beauté : elle est faite de propreté, d'ordre, de fraîcheur!

Mais au fond de notre église du bourg, il y a le centre de ma vie : Jésus vivant dans son tabernacle.

Heureuses celles qui vivent sous le même toit que Lui, ou sous un toit proche du sien.

Moi j'habite loin et mon cœur seul peut chaque matin voler auprès de Lui quand j'entends sonner la messe. Ma visite hebdomadaire au bourg, — en dehors de la messe du dimanche — est en grande partie pour Lui.

Je m'agenouille près de la Table Sainte où je L'ai reçu pour la première fois.

Ecrire ce que je Lui dis! Non, je ne le puis pas : c'est trop intime et c'est trop doux. Vous êtes là, Seigneur, et je suis là. Pécheresse, mais aimante et confiante. Confiante pour moi, confiante pour les miens.

C'est près de Vous que je trouve la force, la lumière, la joie...

Je sors et salue en passant le confessionnal où j'ai reçu tant de pardons, la chaire d'où descend la doctrine qui nourrit mon âme... et surtout les fonts baptismaux où j'ai été enfantée à la vie divine.

Autour de l'église s'étend le cimetière : une station brève sur la tombe de ceux de ma race; je leur dois ma vie, je leur dois ma foi. J'espère bien que tous sont déjà en paradis; mais en tous cas je prie pour eux... et je les prie.

Ancêtres connus et inconnus, faites descendre votre bénédiction sur cette fille née de vous et qui vous continue sur terre... anneau de la chaîne qui relie le passé à l'avenir, la terre au ciel, je veux me tenir unie à vous.

C'est pour la Société, c'est pour mon Dieu, c'est pour mes morts que j'ai fait toilette en allant au bourg.

X

L'HEURE
DU GOUTER DES MOISSONNEURS

Je remonte en hâte du bourg.

On moissonne chez nous, ce n'est pas le temps de musarder le long des chemins.

Les avoines sont déjà par terre, les femmes ont dressé en moyettes les gerbes surmontées d'innombrables clochettes pâles. La récolte est belle.

A leur tour, les blés s'effondrent sur le tablier de la moissonneuse-lieuse.

L'outil passe et repasse le long des orgueilleuses rangées de froment où les tiges se dressent, alignées comme des files de soldats à la parade.

Au petit trot de ses trois chevaux, ces jours-ci abondamment nourris d'avoine, mon père longe cette muraille vivante. Très haut, au-dessus d'elle, il dirige habilement la bruyante et sournoise machine. Le moulin à vent du rabatteur couche la plante docile; traîtreusement, ras de terre, la lame aux dents triangulaires lui coupe le pied; elle s'abat d'un coup sur la table de toile mouvante qu'entraînent les rouleaux, elle monte entre les tasseurs qui égalisent la gerbe, elle disparaît un moment sous le tablier; d'un coup sec, l'aiguille du noueur l'a liée à ses sœurs de souffrance et puis elle est projetée avec elles hors de l'appareil, toute pantelante, comme effarée de sa tragique aventure, la gerbe tombe sur le chaume déjà mois-sonné.

Gerbe martyre... le blé jusqu'alors insouciant, ondulant en vagues d'or au grand soleil sous le souffle capricieux des vents d'été, a achevé sa jeu-nesse heureuse. Il est mûr... pour le sacrifice, pour les sacrifices douloureux, mais féconds.

Dans quelques jours, il passera sous les fléaux de la batteuse... il sera séparé pour toujours de cette tige qui l'a porté et nourri et qui n'est plus qu'une paille inerte; il sera dépouillé violem-ment, par les trieurs trépidants et brutaux, des enveloppes qui ont protégé sa pâte laiteuse et lui ont permis de s'affermir peu à peu; cette balle tombe sous l'appareil, presque méprisée.

Nu, dans son dépouillement extrême, le grain de blé est ensaché, pesé, transporté, mis en tas.

Il sent bien qu'il est chose précieuse; les mains rustiques se font caressantes pour le prendre, el-les le saisissent à poignée, elles l'étalent dans le creux de leurs paumes jointes, y font jouer les rayons du soleil, le passent de l'une à l'autre et il s'écoule comme une rivière de pierreries que suit le regard ébloui et amoureux du laboureur.

Mais cette chose précieuse et aimée sera livrée par ceux qui l'aiment aux broiements atroces du moulin à cylindre. Purifié de tout ce qui pourrait le souiller, le blé sera écrasé dans l'implacable étreinte de ces rouleaux de métal. Ce n'est plus le vêtement de sa nudité qu'il perd dans cette nouvelle trituration, c'est une portion de sa substance : l'épiderme, dernière protection de sa vie individuelle, séparé de lui, n'est plus que du son... puis c'est sa chair elle-même qui est mise en lambeaux : elle est réduite à n'être plus qu'une poudre impalpable, odorante, savoureuse, la farine immaculée a confondu dans une égalité complète l'inégalité des grains... elle s'écoule, en fleuve laiteux, toujours pareille à elle-même, dans les sacs qui la porteront du moulin au four.

Au four... Y pensez-vous sans frémir? Après l'écrasement, c'est le bûcher... Et le feu achève le sacrifice. Le blé deviendra pain.

Et le pain deviendra vie humaine!

Oh! fécondité merveilleuse : le sacrifice de l'humble plante s'épanouit en vie supérieure!

Et une portion de ce pain est portée sur l'autel : un prêtre prononce sur elle les paroles recueillies aux lèvres d'un Dieu. Une fois de plus, sous l'apparence de pain, de pain né du blé, le Verbe se fait chair et habite parmi nous!

*

**

Aucun des moissonneurs ne songe sans doute à cet aspect splendide de l'œuvre mystérieuse qu'il accomplit. Tout entiers à leur tâche, l'homme et la femme font humblement et sans raffiner leur devoir austère et fatigant.

Quand j'apparais au bord du champ, avec mon panier au bras droit et, au bout de la main gauche, mon seau d'eau fraîche où trempent deux flacons de bon vin, c'est le signal de la pause.

Le ronronnement de la moissonneuse s'apaise instantanément. Mon père, les jambes un peu ankylosées, descend de son siège élevé, les chevaux baissent la tête, le collier sur les oreilles, ils soufflent; ce ne sont plus les bêtes fringantes qu'excitaient la voix du maître et sa longue gaule, mais les humbles bêtes de ferme, lassées de l'effort.

La même impression de lassitude se dégage de toutes ces femmes et de tous ces hommes qui s'activaient tout à l'heure autour de la machine trépidante et qui, maintenant, se sont arrêtés.

A couper le blé, ils épuisent leur vie et ils se sacrifient... tout comme le blé. Nos paysans s'usent aux rudes travaux de l'été. Ils ont maigri, toute leur graisse a fondu autour de leurs muscles amincis, leurs traits se sont tirés. La grande loi de la fécondité, celle du sacrifice préalable, s'impose à eux comme à tous, comme à tout.

*_**

Mais pour eux, le Bon Dieu mesure l'âpreté des renoncements et l'adoucit.

Je suis venue pour les refaire, avec ma charge de pain, de lard, de fromage, de fruits, de vin généreux et d'eau toute fraîche ; avec le sourire de mes yeux et de mes lèvres de vingt ans ; pour eux j'ai fait un peu toilette, sans coquetterie, mais il faut que la gaîté chante sur le champ brûlé de soleil ! Tout à l'heure, après un moment de silence et d'anéantissement physique, tous se reprendront, peu à peu, à la vie humaine et sociale. Un mot les fera rire, les plaisanteries s'échapperont des lèvres rafraîchies et des esprits réveillés. Pourvu que tous demeurent dans la réserve voulue, dans le respect de Dieu présent, des vierges chrétiennes qui les servent, des enfants qui les écoutent, je me prêterai à la saine et franche gaîté des moissonneurs !

Un bon éclat de rire n'offense pas Celui qui a donné à l'homme ce privilège refusé aux animaux.

La cordiale amitié qui règne à la campagne refait les forces des travailleurs autant que le goûter apporté par la fille de la maison.

Debout, maintenant ; mon père remonte sur le siège de sa machine, il rassemble les rênes ; les chevaux reposés ont relevé la tête et repris leur aspect splendide de nobles bêtes ; le crissement de la lame coupant les tiges fermes se distingue de nouveau à travers les notes plus graves du ronronnement général de la machine... la moisson reprend.

Et je rentre à la maison, ayant goûté l'aspect à la fois étrange et consolant de notre vie : elle s'épuise en produisant, du sacrifice naît la richesse; la joie fleurit sur l'effort.

XI

L'HEURE DU SÉMINARISTE

Mon séminariste est à la messe. Pendant les vacances, il ne rentre guère qu'à neuf heures, car il reste toujours quelques instants avec M. le Curé.

Cher petit frère, plus jeune que moi de deux ans, il a été à la fois mon compagnon de jeux, mon protégé, parfois mon souffre-douleur, aujourd'hui, c'est le confident de mes rêves, — pas de tous, car une jeune fille ne livre jamais tout à fait le fond d'elle-même, — c'est déjà l'appui de ma conscience et l'espoir des bénédictions ultérieures pour toute notre famille.

Le fils aîné au Séminaire! Quand M. le Curé est venu annoncer à papa que le Bon Dieu lui demandait son aîné, je craignais, sinon un refus, du moins l'expression d'un regret. Il n'en a rien été ou si peu!

« Un fils prêtre, M. le Curé, je sens tout l'honneur que le bon Dieu daigne me faire, à moi qui pourtant l'ai si longtemps négligé... il me faudra seulement travailler un peu plus longtemps sans le secours de mon fils... car le cadet est bien plus jeune... eh bien, on travaillera! »

Maman n'a rien dit : elle a embrassé plus longuement le père généreux et mon petit frère nous a quittés... on ne le revoit qu'aux vacances.

C'est curieux un séminariste en vacances...

Ça a envie de rire tout le temps et ça s'efforce d'être sérieux comme un chanoine. Ça a des tendresses de fille et des vivacités de gamin; à l'église, ça prie comme un ange, mais on sent bien que cet ange a des pattes qui feraient volontiers une partie de ballon...

Très garçon, mon séminariste, mais très séminariste aussi mon garçon.

Il est à Dieu, mais il est à nous. Dans la maison, il met une joie et une fierté d'une qualité spéciale, prélude de la joie et de la fierté qui s'épandra sur le vieux toit au jour de sa première messe. Peut-on rêver pour un foyer plus divine consécration que celle de cette flamme sacerdotale portant vers Dieu l'hommage de toute une race?

Vous l'avez donnée à notre foyer, merci, mon Dieu.

Mon petit frère n'incarne pas seulement la prière de la race montant vers Dieu, il tâche d'être apôtre autour de lui.

Ne s'est-il pas mis dans la tête de faire inscrire tous ses jeunes amis au Cours agricole par correspondance de Purpan! Le groupe de Jeunesse catholique de chez nous battait de l'aile. Les pièces à jouer sont une jolie chose, le sport aussi, mais M. le Curé n'arrivait pas à fixer l'intérêt de ses remuants paroissiens. Mon petit frère prétend qu'il faut prendre les gens par le métier, — il est amusant à entendre quand il nous redit les principes puisés au Cercle d'Etudes apostoliques de son petit séminaire, — et voici qu'il a réussi, même en été, à faire désirer à nos voisins les causeries hebdomadaires du Cercle d'Etudes rurales. Il s'est documenté sur les engrais, auprès du P. Barjallé, et nous avons eu en famille les prémices d'une conférence de notre futur curé de campagne sur « la potasse d'Alsace ». Papa lui a fait corriger quelques naïvetés. Moi je l'ai taquiné parce qu'il était trop savant. Quoi qu'il en soit, la causerie a eu du succès et nos gamins sont décidés à se faire inscrire à l'E. A. C. (cela veut dire Etudes agricoles par correspondance) et à se réunir cet hiver, chaque dimanche, chez M. le Curé, pour faire en commun ce travail.

Le séminariste veut être tenu au courant de ce qui se passera.

Et la sœur du séminariste, que fera-t-elle? Elle ne jettera pas un seau d'eau fraîche sur les enthousiasmes de son frère.

Elle soutiendra de l'appui indispensable de ses prières son œuvre apostolique.

Voilà la résolution de la méditation faite en vaquant au ménage pendant que la grande sœur attend le retour du frère séminariste.

XII

L'HEURE DES PETITS

Octobre. Voici la rentrée des classes.

Pendant les vacances, si les heures de la journée sont encombrées par les enfants, les premières heures de la matinée sont libres : on laisse les enfants dormir.

Maintenant, c'est l'inverse; allons, ma fille, va faire l'apprentissage de ton métier de mère de famille.

Sois prête toi-même de bonne heure, toilette achevée pour n'avoir plus à t'occuper de toi quand arrive l'instant de t'occuper des autres. Toilette achevée... n'entre pas en négligé dans la chambre de tes petits frères... pour eux et pour toi... pour le présent et pour ton avenir de maman, c'est une mauvaise habitude à ne pas prendre.

Que la première pensée des enfants que tu rappelles à la vie soit pour Dieu : une brève invocation... et puis tous au bas du lit. Oust, qu'on ne lanterne pas!

Exige la modestie dès cette heure matinale...
on peut bien rire et folâtrer, mais sous le regard
des anges.

Oh! la bonne toilette à l'eau froide, celle qui
ramène tout de suite l'âme à fleur de peau et qui
endurcit la sensibilité... La chaleur ressaisit d'ailleurs aussitôt les membres surpris par le froid...
la joie naît de l'effort accompli pour se vaincre.

La jolie prière faite par les voix innocentes des
petits frères et des petites sœurs : les formules
n'en sont pas compliquées, mais on dit si bien
au petit Jésus et à la Sainte Vierge, l'essentiel :
« Je vous donne mon cœur. » Et tous les besoins
temporels et spirituels de tous sont bien énumé-
rés... et la résolution capitale « d'être bien sage »
est munie du secours de la grâce implorée. C'est
une fraîcheur que la prière des petits, et si tu as
l'âme une peu desséchée, ma fille (le bon Dieu en-
voie parfois cette épreuve à ton âge) redeviens
petite enfant en te joignant à la prière des petits
frères et des petites sœurs.

Et je songe à tout ce qui manque d'exercice et

de bonheur à la jeune fille qui n'a pas de petits
frères et de petites sœurs.

Comprendra-t-elle plus tard la psychologie en-
fantine quand il lui faudra apprendre à ses pro-
pres enfants le B. A. B A. de cette science com-
plexe? Saura-t-elle dire les mots qu'il faut, éviter ceux qui blessent, si elle n'a pas parlé aux
tout petits au foyer paternel? Ne prendra-t-elle
pas pour des poupées, pour des joujoux, l'enfant
que Dieu lui donnera, celle qui n'aura connu que
la comédie des soins que les petites filles prodi-
guent aux poupées sans âme, aux poupées dont on
s'amuse?... tandis qu'il ne faut pas s'amuser de
l'enfant, lequel a une âme, une destinée éternelle
et doit être aimé pour lui et non pour soi?

Heureuses êtes-vous, mes filles, si le Bon Dieu
a peuplé le foyer de vos parents.

Un conseil cependant : si vous êtes sœur aînée,
ne prodiguez pas trop de gifles à vos cadets et ca-
dettes.

Avalez votre déjeuner, les petits! Un regard
maintenant sur les leçons que la grande sœur nous

a fait apprendre hier soir. Pendant la nuit, elles se sont gravées automatiquement dans la mémoire, mais il est bon de revoir tout cela avant de partir à l'école.

On vérifie le sac, on garnit le panier, on conduit embrasser papa et maman... et les voici maintenant... sur la route... et tout à l'heure à l'école.

La route, l'école, c'est déjà le monde... avec, en petit, ses séductions, ses dangers, ses méchancetés.

Que la grande sœur se mette en prière... pour que les livres ou le maître ne faussent pas l'esprit de l'enfant qu'on leur a confié si droit... pour que les camarades ne flétrissent pas le cœur qui est venu vers eux si pur.

La grande sœur poursuit, de loin, en priant, son rôle d'ange gardien.

XIII

L'HEURE DE GRAND'MÈRE

Depuis que grand'mère est infirme, maman s'est réservée la douce charge de la soigner; mais quand la toilette et le ménage de grand'mère sont finis, je vais passer une heure avec elle.

Dans ma petite enfance je l'ai connue alerte et d'une activité que rien ne lassait.

A ce moment, mon grand-père était déjà bien vieux. Il avait abandonné à mon père la direction du domaine et n'avait gardé que trois prérogatives : sa place au Conseil municipal, où il se rendait chaque mois, bien rasé, bien nippé dans sa veste de gros drap; puis la garde de nos moutons dans le clos, et, enfin, le droit de gâter les petits que nous étions, mon frère le séminariste et moi. Ces deux derniers soins étaient simultanés : quand grand-père mettait sa grande cape et prenait son bâton, nous revêtions nos manteaux et nos châles et l'on partait en gambadant autour de lui. Son vieux chien semblait partager sa sollicitude entre les moutons et nous. A toutes nos questions puériles, indiscrètes, saugrenues, grand-père répondait par des proverbes et des sentences que je sais encore, et de ses doigts demeurés habiles malgré les rhumatismes, il nous faisait, en surveillant ses bêtes, les jouets les plus amusants : corbeilles ou flûtes enchantées, poupées menues à la tête sculptée dans un marron d'Inde, arcs et flèches empennées... Un matin d'avril, grand-père ne descendit pas à son ordinaire, dans la maison il y eut brusquement un branle-bas affolé, puis un silence morne coupé de sanglots. La mort l'avait pris à l'improviste... subite... mais pas imprévue pour lui, car c'était un homme de prière et il venait de faire ses Pâques.

Je me rappelle avoir vu des hommes pleurer quand on l'emportait au cimetière... Mais de ce coup, grand'mère ne s'est jamais relevée.

Elle a remplacé par le foulard noir des veuves le beau foulard de couleur qu'elle nouait autour de sa tête restée si longtemps jeune, ses pas se sont alourdis. Puis la guerre est venue ; un de ses fils, qui était frère des Ecoles chrétiennes et qui était rentré des Amériques au jour de la déclaration de guerre, ne fit que passer chez nous, il a été tué à la bataille de la Marne; ma tante, religieuse, était bloquée en Belgique envahie; papa était au front et un de mes oncles avec lui; on se serrait autour de grand'mère dans la maison désemparée; grand'mère pourvoyait à tout et dirigeait les vieux journaliers qu'on se procurait avec peine, elle travaillait trop, elle pleurait trop, au jour de l'armistice une attaque l'a terrassée.

Elle est infirme depuis... mais elle n'a pas achevé sa tâche.

Elle passe à la génération nouvelle les traditions familiales. C'est elle qui raconte aux petits les vieux contes du pays. Je les ai appris de sa bouche avant de les lire dans les livres de M. Perrault; mais ils étaient plus jolis sur les lèvres de grand'mère que dans l'imprimé. Le petit Poucet avait couru sur les routes, à travers nos bois, et Cendrillon avait dansé chez le Sous-Préfet de la petite ville où nous allons aux foires.

C'est elle qui nous dit l'histoire de chaque champ de notre domaine et de chaque meuble de la maison : du lit à colonne qui vient de notre trisaïeule Anaïs, de la glace que notre arrière-grand-père acheta pour sa fiancée, du petit bois qu'un de nos grands oncles célibataire avait acquis du fruit de ses économies, de la vigne américaine qu'après le phylloxéra avait replantée notre grand-père.

C'est elle qui sait la parenté de tous : à quel aïeul commun se rattachent nos cousins du bourg et quelle sœur du grand-père du cantonnier avait épousé l'arrière-grand'oncle de l'épicier.

C'est elle qui nous fait observer comment Dieu n'a pas béni telle famille « où il y a du bien d'Eglise volé » et qui connaît encore les métairies où pendant la Révolution les prêtres martyrs disaient la messe et les descendants de ceux qui les cachaient **au risque de perdre** eux-mêmes **leur** vie.

Sur les Saints de chaque jour elle peut narrer une histoire... Quand elle était petite, nous dit-elle, notre arrière-grand-père faisait chaque soir à la veillée la lecture de la vie du Saint du jour... Je commence à les savoir toutes aussi, car maintenant c'est moi qui monte chez elle pour lui relire chaque jour dans le même livre relié en cuir ces belles aventures héroïques des amis de Dieu.

Grand'mère nous rattache à tout notre passé familial et à toute l'Eglise notre Mère.

Je sais qu'une de ses grandes souffrances est la désertion d'un de ses fils; il est facteur à Paris : un coup de **tête**, sur une observation de grand'mère, une pique de sa femme surtout qui rêvait de la grande ville, ont déterminé son déracinement... et comme il est fonctionnaire, il pense ne pouvoir plus être chrétien. On n'est pas brouillé, mon oncle vient parfois en courant... pas heureux à Paris! Mes petits cousins ont passé ici quelques jours de vacances... pâlots, élégants, avec leur joli accent parisien. Mais il y en a un déjà qui est mort de la poitrine et ils ne savent pas beaucoup de catéchisme.

Mon Dieu, conservez-nous grand'mère et conservez-nous ici autour de grand'mère.

Plus que d'autres, moi la fille aînée, je profite de ses conversations et de ses exemples. Une heure avec elle chaque matin, cela me fait presque autant de bien qu'une heure de méditation.

Nous prions ensemble pour nos vivants et pour nos morts.

Parfois je l'amuse... en fouillant dans les tiroirs de sa commode, je retrouve les parures démodées qu'elle portait quand elle était jeune fille. J'ai noué moi aussi autour de mes cheveux coupés le mouchoir de soie rouge, bleue, verte, noire, dont un coin pend le long de l'oreille; j'ai mis les robes longues aux multiples petits plis autour de la taille, et les fichus dont les couleurs furent voyantes et les tabliers à fleurs, la grosse chaîne d'or et la croix que portaient jadis les paysannes riches... En me voyant, pareille à ce qu'elle était il y a cinquante ans, grand'mère me fait des compliments, elle me dit que je suis bien plus jolie avec ce costume gascon qu'avec les toilettes étriquées « à l'instar de Paris » que la mode nous impose... et j'avoue que mon miroir parle un peu comme grand'mère.

O grand'mère, tradition vivante de la maison familiale, vous être reconnaissante à votre petite-fille de l'heure qu'elle vient de passer avec vous; mais votre petite-fille, qui vous doit déjà tant de gratitude, à vous qui avez fait et conservé la maison, se sent encore redevable envers vous à cause du bien que font à son âme vos paroles, vos souvenirs, la sérénité chrétienne de votre vieillesse douloureuse.

L'heure de grand'mère est dans la journée une des heures les plus douces et les plus fécondes.

XIV

L'HEURE DE LA MÈRE

La mère : « Te voilà aux soins du ménage, ma grande fille, et pendant que tu essuies la table et prépares le déjeuner de ton père, je te regarde et je te juge.

« Dix-huit ans! Demain tu quitteras la maison pour fonder à ton tour un foyer.

« C'est à peine si j'ai joui de toi, et il faudra te donner à un autre. Mon Dieu... défendez-moi contre moi-même : que je n'aie point... une âme de belle-mère! Que celui qui me prendra ma fille soit à mes yeux un fils et non pas un gendre. A vrai dire, je me sens assez détachée de moi-même pour m'oublier : que ma fille soit heureuse, que son foyer soit chrétien, qu'il se peuple, cela me suffit.

« Aussi bien n'est-ce pas à moi que je songe, mais à toi.

« Es-tu prête pour la grande tâche qui t'est réservée?

« Ai-je su faire de toi la femme forte, la

femme tendre, la femme industrieuse qui continuera notre **lignée!**

« Je tremble, je l'avoue, à la pensée de n'avoir pas réussi tout à fait. Est-ce ma faute, est-ce la tienne? Dieu le sait; je ne me sens pas coupable, mais je suis tentée de m'accuser... Pourtant, ma fille, ce me serait une peine atroce si toi, tu pouvais m'accuser ou de faiblesse ou d'égoïsme dans la grande œuvre de ton éducation qui s'achève.

« Tu me parais avoir une piété sérieuse : le goût de Dieu auprès duquel s'attarde ta prière, l'intelligence de notre religion que tu connais, sur laquelle tu cherches à t'instruire, en général le souci de ne pas déchoir de l'idéal moral qu'elle nous propose, le soin de recourir aux sacrements qui nous purifient et qui nous soutiennent : c'est bien. Mais, par moment, j'ai peur : es-tu chrétienne par habitude seulement, l'es-tu par conviction personnelle, foncière? A certains jours, je te vois si légère de pensées, d'attitude, de propos... inquiète, il est vrai, de ne pas dépasser une limite au delà de laquelle tu aperçois le péché grave, interrogeant avec une moue : « Ma robe n'est pourtant pas si courte... ni si décolletée... Je puis lire ce livre... il n'est pas si mauvais... que nos évêques sont sévères pour les modes et pour les danses!!! » Oh! ma fille, comme je voudrais te

voir toujours moins anxieuse sur la borne qui
marque la frontière du mal, et plus soucieuse,
uniquement de confronter avec ton idéal de vierge
chrétienne, les coutumes, les modes... ou les tentations. Tu dirais : « Je ne mesure pas au centi-
mètre ma pudeur... ou l'impudeur des toilettes;
c'est mon âme qui souffrirait d'exposer aux pro-
fanes indiscrets et souvent impurs, le Temple du
Saint-Esprit qu'elle habite... » Un idéal qu'on défend et qu'on réalise, c'est ce que j'ai voulu te
faire aimer, ma fille.

« Active et soigneuse, il me paraît que tu l'es
devenue. Sur ta personne... rien à dire : la coquetterie de ton âge suffit pour te tenir toujours
proprette et avenante. Le demeureras-tu une fois
mariée, dans ton intérieur? Ce n'est pas facile, et
c'est pourtant indispensable. L'intimité du mariage n'autorise pas le laisser-aller, la négligence
personnelle. On la paie parfois bien cher : le
charme qui entretient l'amour s'évanouit...

« Mais encore... tu viens d'essuyer la table...
un coin a échappé à la négligence de tes yeux...
ou à la rigueur de ton torchon; j'aperçois, à con-
tre-jour, de la poussière et des miettes... ton père
n'y verra rien... le cher homme : il t'adore et il
est pour toi d'une faiblesse déplorable... mais si,
un jour, ton mari était de méchante humeur... Il

s'en apercevrait et en souffrirait. Regarde, les couteaux sur la table sont orientés vers les quatre points cardinaux, ou plutôt ne sont pas orientés du tout... ma fille, ma fille, tu vas trop vite à certains moments... et tu traînes à d'autres...

« Tu as remarqué mon regard sur la table, et derrière, ma pensée; un nuage a passé sur ton front. Que serait-il arrivé si mes lèvres avaient parlé? Ah! tu ne supportes guère les observations... et c'est pourquoi, il m'en coûte de t'en faire... et pourtant, qui te dira, avec autant d'amour que ta mère, ce qui te manque encore pour que ton bonheur du temps et ta sainteté soient en sécurité? »

Le quatrième Commandement qui nous prescrit d'aimer et de respecter nos parents, nous met encore sous leur conduite jusqu'à ce que soit achevée l'œuvre longue de notre formation. Personne plus qu'eux n'est qualifié pour cette œuvre, personne autant qu'eux n'a le désir de la voir parfaite. Oh! mes filles, laissez-vous, jusqu'à la veille de votre mariage, guider et gronder par vos mères. Dès votre première heure de travail, vous êtes sous ses yeux; profitez de son amour, de son expérience, de ses grâces d'état.

XV

L'ENFANT MORT

En ces premiers jours de l'été, j'ai suivi le convoi funèbre d'un petit garçon.

A l'appel des cloches qui, douze ans auparavant, avaient salué sa naissance à la terre et à la grâce, l'enfant gagnait l'Eglise où la liturgie allait célébrer sa naissance au ciel et à la gloire.

Le cercueil blanc passait à travers les moissons opulentes, nées du travail de son père, sur la glèbe enrichie par le travail de son grand-père, de son arrière-grand-père et des aïeux lointains, propriétaires et cultivateurs héréditaires de ce domaine.

On était à la fin de juin, mais il pleuvait et les plantes, vignes encore en fleur, blés mûrissants, coquelicots et bleuets, fleurs connues de tous, ou fleurs auxquelles le peuple ne donne pas de nom, toutes semblaient mouillées de larmes... car si la naissance au ciel — d'un enfant met de la joie au Paradis... sur terre elle laisse de cruelles tristesses.

*
**

Dans l'église du village — qui était pleine
pourtant, — il n'y avait que des amis.

Ceux de la ville, membres des académies, des
sociétés agricoles ou charitables et ceux de la
campagne. Femmes et jeunes filles du monde dont
les toilettes d'été s'étaient assombries et faites très
discrètes et femmes et filles du peuple qui pleu-
raient dans l'ombre du mouchoir de soie noire
noué autour de leur visage; fillettes de l'école libre et petits garçons de la maternelle dont les
bras étaient chargés de gerbes de lys, fournisseurs
du château, qui étaient pour les châtelains de
vieux amis, représentants de l'aristocratie de la
province et paysans adolescents qui avaient porté
de leurs mains déjà robustes, le cercueil du jeune
maître, ensemble, confondus devant l'autel et
participant au même double sacrifice : celui que le
prêtre offrait et celui que les parents ne refusaient
pas à la volonté très sainte de Dieu...

C'est en ces jours de deuil chrétien qu'on sent
la douceur d'appartenir à cette société fraternelle
qu'est la France, quand les Français sont demeurés fidèles au dernier précepte du Maître : « Ai-
mez-vous les uns les autres, comme je vous ai
aimés. »

*
**

Au cimetière fleuri du village, on a placé le cercueil de l'enfant auprès de celui de son grand-père. Ils ont le même nom et sur la dalle, on croirait lire deux fois la même inscription, n'était la différence de date et d'âge.

L'un avait rempli sa carrière et méritoirement gagné son repos, l'autre était payé avant d'avoir travaillé.

Mais comment ne pas regretter qu'il n'ait pas été admis, lui aussi, à faire sa rude tâche humaine? Sommes-nous donc si nombreux qu'il ne faille pas pleurer sur le vide laissé au milieu de nous par l'enfant, mort avant d'avoir vraiment vécu, c'est-à-dire peiné et produit?

Mais autour des parents en deuil, on comptait les frères et sœurs survivants : un, deux, trois, quatre, cinq, six; la famille frappée n'est pas une famille éteinte, Dieu merci; ils demeurent donc six encore à se partager l'œuvre qu'aurait accomplie le frère admis trop tôt à la récompense du ciel.

Heureuse famille, — même dans le deuil, — où la tradition n'est pas exposée à être interrompue, quand la mort vient amputer le vieux tronc. Frappé, en un point, de la foudre, l'arbre demeure vert et vivant.

Une bénédiction nouvelle descend même sur lui : le rameau transplanté de la terre au ciel, celui qui s'épanouit au soleil éternel, parle par sa seule présence, devant le trône de Dieu, pour la souche ancienne sur laquelle il a été cueilli. Il n'a pas à demander le miracle — rarement accordé — qui fait reverdir les troncs décharnés; il lui suffit d'obtenir que l'orage, — celui qui atteint les corps ou celui qui flétrit les âmes — passe loin de rejetons nés comme lui sur la tige ancienne, il obtiendra de Dieu que ces tendres rameaux continuent à puiser au sol antique les sucs fortifiants, et qu'ils conservent leur fraîcheur innocente, gage de la fécondité future.

C'est en ces jours de deuil chrétien, qu'on apprécie la miséricorde divine cachée sous l'austérité du précepte primitif : « Croissez et multipliez-vous. » Les champs paternels ne seront pas abandonnés, parce qu'un seul des laboureurs de demain manquera à leur appel, sous le toit de la maison ancestrale, les enfants des frères et des sœurs feront revivre et le nom et les vertus et le charme du garçon que la famille pleure.

XVI

LA VEILLÉE

Si l'on supprimait les veillées à la campagne, j'en serais désolée.

Pour beaucoup de raisons... et je ne sais pas si j'oserai les écrire toutes.

La veillée met à la campagne une joie saine.

Cela ne paraît rien que de croquer, entre voisins, des châtaignes qu'on s'amuse à faire éclater dans la cendre brûlante... Mais c'est un feu d'artifice plus joli que tous ceux qu'on peut tirer en ville le 14 juillet : les pétarades sont plus imprévues et il faut entendre les rires et les petits cris de terreur amusés qui les saluent!

Notre petit vin blanc accompagne dignement les châtaignes grillées.

Les vieux amis de papa le dégustent en connaisseurs. Il amorce entre eux la conversation.

On en dit l'année qui amène un souvenir. Celui-ci entraîne une réflexion sur l'état du pays à cette époque et maintenant... puis, quelqu'un hasarde l'idée d'une amélioration possible et les voilà partis sur un thème de causerie syndicale.

Car le syndicat est devenu populaire chez nous, depuis qu'il est communal et que les paysans s'en occupent eux-mêmes.

Chacun tire de sa poche le bulletin de « l'Union »; il y a là-dedans plus d'un renseignement précieux... et puis, il y a cette nouvelle loi des *Assurances sociales* qui peut, si on sait s'en servir, modifier profondément les conditions de la vie.

Où donc, sinon à la veillée, nos parents parleraient-ils de leurs intérêts professionnels?

Du côté femmes, la conversation est d'un autre ton. Il manque à la réunion deux amies de ma mère; l'une garde la vieille grand'mère qui a eu récemment une attaque et l'autre est un peu inquiète d'un vilain rhume que traîne une de ses filles.

C'est sur des questions d'hygiène familiale que les langues se sont déliées. Chacune de ces dames a sa recette et quelque histoire de guérison quasi miraculeuse. Santé des enfants : souci permanent des mamans... et l'on conclut qu'il faut faire

pour les deux malades un vœu à la Vierge du pè-
lerinage voisin... ou à Notre-Dame de Lourdes.

Côté des garçons... côté des filles. Les garçons
de quatorze ans ne daignent guère causer avec les
petites filles : ils en ont encore le mépris. On se
poursuit; on se donne des taloches; les parents
grondent... et l'on finit par se ranger autour de la
table. L'un d'eux a tiré de sa poche le *Bulletin
des E. A. C. de Purpan*. Oh! ces *Etudes agricoles
par correspondance!* Nos marmots n'en sont encore qu'au cours d'apprentissage, mais ils sont
fiers d'avoir appris un peu de physique et de
chimie. On en parle et on n'est pas d'accord.

Bientôt c'est l'appel à la science de quelque
aîné, qui a presque achevé les Etudes normales
et qui a eu de belles moyennes sur le Palmarès
de fin d'année.

Les petites filles, qui avaient d'abord joué à la
poupée dans un coin, s'approchent, curieuses, de
la table où l'on commence à discuter à voix très
haute. Si l'une d'elle glisse un mot, elle récolte
une taloche, mais ses compagnes récidivent et,
comme elles ne sont pas sottes, comme, à cet âge,
elles sont intellectuellement en avance sur les garçons, comme elles suivent les cours de notre chère
Semaine Agricole, elles finissent par se faire
écouter même des garçons.

Et voici, maintenant, que les grands et les grandes s'en mêlent; et, mon Dieu, pourquoi ne pas le dire, on y vient par couples... Comment et pourquoi s'étaient-ils groupés ces couples?... Dieu seul le sait et les intéressés! Il y a, dit-on, des mariages écrits au Ciel.

Pourquoi me suis-je avancée, en même temps que *lui*, pour dire mon mot dans une discussion sur le débourrage de la vigne?

Pourquoi ai-je soutenu — et vivement — *son* opinion?

Je vois bien que, *lui*, c'est parce que je l'écoute, qu'il parle avec tant d'autorité et si bien!

Et voici que les parents entrent, eux aussi, dans la conversation devenue générale.

C'est ce qu'il a dit *lui*, que les parents approuvent, et j'en ai une idée au cœur qui monte à mes yeux.

On m'a regardée; je suis devenue toute rouge et tout le monde a ri!

« Marion, Marion, me glisse une voisine, tu ne retourneras plus à la *Semaine Agricole!* A quand la noce? »

J'aurais eu envie de la gifler; mais, non!... Soyons droite et faisons chanter notre monde.

Il est temps de vous dégourdir, causeurs et discutailleurs, allons une ronde, une de celles qu'on nous a enseignées à la *Villa Emmanuel* (1).

Et voilà l'attention détournée...

La veillée se poursuit et s'achève. Chacun se retire ; les plus éloignés partent les premiers. Il en est un qui s'attarde.

Il dit un mot à voix basse à mon père, qui lui répond d'une bourrade amicale : « Allons, tu reviendras demain avec ton père, au grand jour, pour causer. »

Et nous voilà de nouveaux seuls !

Papa et maman m'embrassent plus longuement que d'habitude et je remonte dans ma chambrette.

Mon Dieu, je disais souvent autrefois dans ma prière : « Je ne veux aimer que vous ! » Il me semble que je puis le dire encore et, pourtant, j'en aime un autre. Comment cela se fait-il qu'en mon cœur puissent régner à la fois deux sentiments si dominateurs ?

Mais, n'est-ce pas vous qui m'avez fait remarquer tant de droiture et tant de piété, tant de force et tant de délicatesse ? N'est-ce pas vous

(1) Maison de retraites fermées, Toulouse, Côte-Pavée.

qui m'avez fait entrevoir qu'appuyée sur celui-là je pourrais devenir meilleure; n'est-ce pas vous qui semblez me promettre que, si j'épouse celui-là, les enfants qui naîtront de nous seront des prédestinés à la vie éternelle, peut-être au sacerdoce, et à la vie religieuse?

Mon Dieu, si ce mariage est écrit au ciel, qu'il ne tarde pas trop à se faire sur la terre.

Ainsi soit-il!

XVII

LA PRIÈRE EN FAMILLE

Tout à l'heure, la maison s'est ouverte; non pas à ceux qui sont des *étrangers*, mais à ceux qui ne sont que des *voisins*.

Ils sont de l'intimité; mais ils ne sont pas de cette *intimité complète* qui est le privilège incommunicable de la famille.

Que la famille, en ce jour, dont la dernière heure sera consacrée à l'amitié humaine, se resserre en l'amitié familiale et divine; car Dieu est le centre de la famille, le Père universel, présent et attentif.

Autour de maman, agenouillez-vous, les tout-petits! Je prends à côté de moi le plus turbulent. Je l'entoure de mes bras, qui, tout à l'heure, dirigeront sa menotte droite pour faire le signe de la Croix et ensuite les tiendront jointes à la menotte gauche, grande mortification pour l'espiègle et turbulent bonhomme! Mais il l'accepte, pour l'amour du petit Jésus.

Et la voix du papa s'élève. C'est celle du prêtre familial, parlant au nom de ceux qui l'ont précédé dans cette maison et dont il est l'héritier, au nom de ceux qui, dans cette maison, sont nés de son sang et continueront sa lignée.

Il parle à Dieu pour le remercier.

Une maison peuplée! Peut-on imaginer ce que cela représente d'interventions paternelles de Dieu créateur, de Dieu providence? Une maison peuplée de chrétiens; mais c'est comme un musée de merveilles, de grâces et d'amour! Et le père remercie celui qui a donné la vie aux ancêtres, dont nous sommes sortis, et aux vivants que nous sommes; celui qui a donné la grâce pendant tant de siècles aux chrétiens qui nous ont transmis la foi avec la vie, et qui continue à répandre sa grâce sur nous.

Il parle à Dieu pour demander pardon.

Oh, Seigneur, que ce ne soit jamais pour une faute mortelle de l'un de nous!

Mais dans les vies les meilleures, les fautes vénielles se multiplient, qui attristent le Cœur de

Dieu et attiédissent la ferveur familiale. Elles diminuent son bonheur du temps et de l'Eternité : égoïsmes, impatiences, mensonges ou paresses. Seigneur, pardon pour tout et pour tous!

On m'a raconté qu'un père de famille, après la prière commune, rentré dans sa chambre ajoutait un *Miserere* pour les péchés que les siens avaient commis dans la journée. On ne le sut qu'à la veille de sa mort quand il passa à l'une de ses filles la consigne de continuer pour ses frères et sœurs cette pratique de réparation.

Qui sait si papa n'en fait pas autant? En tout cas, sa voix s'émeut quand il offre à Dieu, en notre nom, pour les manquements de la journée, la réparation familiale.

Puis se déroulent en deux chœurs les prières que Jésus lui-même nous a enseignées ou que nous répétons en saluant Marie notre Mère dans les termes mêmes que l'Ange employa avec elle de la part de Dieu, et le symbole de la foi que nos parrains et marraines ont récité pour nous le jour de notre baptême, mais que nous avons été si fiers de redire, nous-mêmes, au jour de notre communion solennelle.

Oui, notre maison est une maison où l'on croit, c'est une maison confiée à la Sainte Vierge, c'est une maison où règne Dieu notre Père.

Papa a une formule à lui, qui n'est point dans les catéchismes, mais où il a résumé toutes les grâces qu'il demande pour la maison et son petit peuple. Elle varie quelquefois, et la prière pour obtenir telle vertu fait un peu rougir celui et celle qui, ne l'ayant pas, comprend pourquoi papa l'implore pour tous.

Une recommandation à l'Ange gardien, et la prière se termine sur la récitation de ce *Psaume* émouvant *De Profundis,* que nous avons entendu dans les larmes au bord du tombeau de ceux que nous aimions et que nous répétons, dans l'espérance que Dieu leur donnera bientôt les joies éternelles.

Prière pour nos morts, préparation à notre propre mort!

Quel merveilleux poème chanté tous les soirs en famille que cette prière commune!

Quel hommage rendu à Dieu!

Quelle sécurité quand on peut s'endormir sous l'aile divine étendue sur la maison où l'on a prié ensemble!

XVIII

LA DERNIÈRE MINUTE

Et voici qu'une journée de plus tombe dans l'Eternité!

Elle a été ce qu'elle a été; personne, pas même Dieu, n'y peut rien changer.

Actions bonnes, saintes, charitables : elles vont me suivre toute ma vie du temps, elles vont se répercuter, comme les paroles en un écho, en d'autres actions bonnes, saintes, charitables, que d'autres feront parce que je les ai ainsi aidées par mes prières, mes paroles et mes exemples à être meilleures; elles me suivront dans l'Eternité.

Actions médiocres ou mauvaises : celles-là, si je m'en repens, Dieu me les pardonnera; mais il ne peut faire qu'elles n'aient pas été et il ne fait pas toujours des miracles pour empêcher qu'elles n'engendrent leur fruit naturel et maudit de médiocrité, et parfois de malheur, dans la vie des autres et dans la mienne!

Sa miséricorde, seulement, change en pénitence salutaire pour moi; expiatoire, méritoire, pleine d'une étrange puissance d'intercession pour autrui, la conséquence douloureuse de mon erreur personnelle.

Ces pensées me rendent grave, au moment où je me dévêtis pour me coucher et m'endormir.

Dans quel état Dieu me prendrait-il si, tout à l'heure, je m'endormais pour ne plus me réveiller que devant son tribunal!

Et s'il reste peu de chose de louable de cette journée, que reste-t-il des autres, de celle d'hier, d'avant-hier... de ma vie tout entière? Arriverai-je devant mon juge les mains nettes, devant mon grand ami, les mains pleines?

On peut crâner devant les hommes et goûter le charme subtil de ce parfum d'estime générale qui entoure la jeune fille pure et chrétienne que je suis. Tentation subtile. Mais, quand, le soir, on se trouve brusquement en tête-à-tête avec son Dieu et qu'on sait combien de scories, de tâches, diminuent l'aloi ou ternissent l'éclat de cette pureté et de cette « *chrétienté* », on a quelque honte de mériter si peu l'honneur dont on est entouré.

Cependant, nous n'allons pas nous laisser pousser par le démon à l'excès opposé, qui serait méconnaissance des dons que Dieu nous a faits par sa grâce, mais qui, par notre coopération volontaire à cette grâce, sont devenus nos mérites. La journée a été bonne! Merci, mon Dieu.

Mon âme doit aller perpétuellement du *Miserere* au *Magnificat;* avec la tendance notable dans l'Eglise catholique, de chanter plus souvent le *Magnificat* que le *Miserere*.

Je chante l'un et l'autre, tandis que je quitte, l'un après l'autre, et range en ordre mes vêtements. Si l'ordre règne dans ma chambre, mon sommeil sera plus digne, mais surtout mon lever sera plus prompt.

Si je me permets d'imiter le sans-gêne de Napoléon Ier, si je jette mes hardes dans tous les coins de ma chambre et mes souliers au fond de mon lit, jamais, demain, je n'en finirai de retrouver les pièces de mon habillement! Soyons soigneuse jusqu'au bout.

M'attarderai-je à lire au lit?

Non, s'il est déjà tard : le premier devoir est d'assurer, pour demain, mon lever matinal, qui, lui-même, est la condition de ma prière et de mon travail.

Et s'il n'est pas trop tard?

Mes vieilles tantes affirment que c'est en lisant au lit que les filles perdent leurs yeux; et ce n'est peut-être pas absolument inexact.

Pourtant, il me semble que, quelquefois, dans le silence et la solitude de ma chambrette, dans

la détente physique que nous procure tout de suite
la situation étendue, entre des draps frais en été
et chauds en hiver, on pourrait profiter d'une ex-
ceptionnelle disposition que possède alors l'esprit,
pour comprendre, goûter, retenir de belles choses.
Tel article d'une revue aimée, telle méditation
d'un livre de piété, telle page d'une vie de saint,
voire tel petit ouvrage d'imagination élevant
l'âme, tout en intéressant la curiosité, tel vieux
bouquin où l'on lit des vers de Corneille et de
Racine, tel recueil nouveau de vers de Louis Mercier... ne sont pas, au repos de la nuit, un prélude
condamnable.

Je serai plus sévère — à ce moment — pour la
lecture des romans proprements dits : on les lit
trop longtemps ; on les lit en une disposition physique et morale où l'on est plus susceptible que
jamais d'être imprégné à fond, et sans s'en dou-
ter, par leur vanité ou leur sensualité trop fré-
quentes.

J'ai bien remarqué, jadis, quand j'étais petite
fille, que je savais très bien, le matin, les leçons
de mémoire apprises rapidement au lit, immé-
diatement avant le sommeil. Il se fait en nous,
pendant que nous dormons, un prodigieux travail
d'assimilation d'idées et de sentiments.

L'âme prête à s'engourdir, prendra des formes
que nous présenterons alors à notre esprit, à notre
imagination, à notre sensibilité et elle en gardera
le pli ou la tare.

Seigneur, gardez-moi des lectures dangereuses, le soir surtout.

Ce soir, je ne lis pas; il est trop tard et demain est trop près.

Un salut au Dieu de l'Eucharistie qui veille, près de moi, dans le tabernacle de mon église villageoise.

Un sourire à ma Mère Marie, qui se penche sur ma couche.

Une prière à mon Ange Gardien qui étend ses ailes sur ma personne, désormais incapable de se défendre seule, sur ma chambre dont la porte ferme si mal; sur la maison que protège seul un pauvre chien. Une prière à mon Ange Gardien qui supplée, par une tutelle surnaturelle, à toutes les insécurités naturelles...

Et je chavire dans la brume de l'inconscient envahissant.

LES SAISONS

XIX

LE PRINTEMPS

Quand j'étais citadin de cœur, comme je le suis de naissance — un péché de jeunesse oublié et, je l'espère, pardonné — j'avais un ami qui était rural.

Ensemble, jeunes religieux, nous faisions nos études dans une maison ombragée de grands arbres.

Or, un jour d'avril, au bord d'une allée le long d'une maigre prairie, je trouvais mon ami comme en extase... devant un narcisse épanoui.

Un narcisse épanoui... c'était le printemps... et, dans son âme paysanne, c'était l'évocation du soleil faisant chanter un matin clair le rouge des tuiles de sa maison montagnarde, dorant la pointe des cornes des bœufs que son père enjouguait, se mirant dans toutes les gouttelettes tremblantes au bout des herbes grandies, c'était le merle arrêtant d'un coup de sifflet moqueur la chanson rêveuse aux lèvres de ses sœurs, le lièvre dressant au coin

de la haie verte et rousse ses hautes oreilles tremblantes, puis brusquement la fuite éperdue d'un
derrière blanc, c'était l'*Angelus* porté par les
vents d'est; c'était la vie, la vraie... qui renaissait.

Tandis que pour moi citadin, le printemps
n'était... qu'un parapluie moins souvent pris... ou
oublié, moins de boue sur la Côte-Pavée, quelques
feuilles aux tilleuls de la place Esquirol, et des
arabesques savantes de plantes grasses et de feuillages aux teintes bizarres, tracées sur des massifs
en pente raide autour du kiosque à musique, par
les habiles jardiniers du Grand-Rond! Un autre
factice succédant au factice des chaleurs et des
lueurs artificielles de l'hiver! Oh! Seigneur,
l'homme ne sait pas faire d'aussi jolies choses
que vous : un ciel qui rit, une prairie qui verdit,
un oiseau qui chante, un lapin qui folâtre, un narcisse en fleur.

Une fleur qui s'épanouit au bout d'un tige montant de terre. La graine ou l'oignon y étaient res-
tés enfouis, inertes, semblait-il, pendant de longues et mortelles semaines.

On l'avait mis en terre... Y est-elle encore cette
chose morte? Non, c'est un vivant qui a pris sa
place! Venez et voyez!

C'est presque l'antienne des Anges au jour de
Pâques!

Et Pâques est en avril! Pâques la fête de la vie divine triomphant de la mort humaine.

Seigneur, oui, je crois en Jésus-Christ... qui a souffert sous Ponce Pilate, est mort, a été enseveli, est descendu aux enfers, est ressuscité le troisième jour.

C'est parce qu'Il est ressuscité que je suis sûr de sa divinité, et de sa divine miséricorde à mon endroit.

C'est parce qu'Il est ressuscité que mon âme morte après une faute mortelle a la certitude de revivre et de refleurir. La confession pascale, s'il en est besoin, pour moi ou pour les miens, va opérer ce miracle de vie printanière.

C'est parce qu'Il est ressuscité que j'attends avec confiance la résurrection de ceux que je pleure. On les a mis en terre, dans le cimetière rustique où les plantes poussées toutes seules fleurissent et confondent toutes les tombes, — celles des riches et celles des pauvres, — sous l'unique et somptueux manteau de leurs feuillages et de leurs corolles odorantes, mais comme les plantes vivaces un jour viendra — le premier du printemps éternel — où ils sortiront de leur tombeau dans leur jeunesse que rien désormais ne pourra flétrir... et moi avec eux dans la splendeur d'une ère qui ne finira point.

Alleluia!... Chantons l'*Alleluia* d'avril. C'est le mois de la Résurrection temporelle, image de l'éternelle Résurrection avec Jésus-Christ vivant pour toujours. Allez le recevoir à Pâques cette année, pour qu'à la grande année qui finira le temps, Il vous ressuscite à la vie de toujours. *Alleluia!*

XX

L'ÉTÉ

La Sainte Eglise, née sur les bords de la Méditerranée, a coulé sa liturgie dans le moule des saisons telles qu'elles se déroulent autour du lac latin : printemps en mars, été en juin, automne en septembre, hiver en décembre. La civilisation latine et chrétienne est devenue la civilisation du monde et aux antipodes... on célèbre à la saison chaude nos fêtes d'hiver, au milieu du froid nos fêtes d'été.

Heureux Français qui ignorent pareille contradiction! Pour nous comme pour l'Eglise, l'été est la période du calme triomphe où l'on moissonne ses blés mûrs et où l'on regarde s'enfler et se dorer ses raisins... plus de fêtes solennelles, sauf l'Assomption... mais le recueillement silencieux de l'heure de midi, dans l'air embrasé par la chaleur du solstice.

A longueur de journée, les cigales sous la voûte de leurs minuscules cathédrales soutenues par des piliers en graminées sèches, bruissent la monotone

mélopée de leurs psaumes toujours pareils. Elles
ne sont pas aussi vigilantes que ces moines qu'on
appelait les acémètes (ceux qui ne dorment pas)
et qui pratiquaient dans leurs monastères la
louange perpétuelle, la *laus perennis*, c'est-à-dire
qui se relayaient sans cesse pour chanter la psal-
modie divine. Elles se taisent au coucher du soleil... mais le chœur des grenouilles entonne alors
son rauque cantique jusqu'à l'heure où le ciel
profond s'emplit d'étoiles qui proclament ainsi
jusqu'à l'aurore la louange de Dieu. Au-dessus
des nids vides, les oiseaux jeunes et vieux reprennent alors leur office mélodique que l'homme, tôt
levé, accompagne du rythme de sa moisonneuse
et de ses exhortations brèves et énergiques aux
bœufs encore mal éveillés.

Mais songe-t-il à Dieu?

L'été pendant lequel éclate la munificence du
bienfaiteur divin est parfois pour les âmes une
période de torpeur.

Réveillez-vous, âmes de cultivatrices... pour remercier!

XXI

L'AUTOMNE

Sur les coteaux, la vigne achève de mûrir son fruit. Elle a échappé aux maladies insidieuses : éléments du ciel et soins de l'homme, combinés comme toujours, ont empêché l'invasion de l'oïdium, du mildiou et des rots de toute espèce. L'eudémis et la cochylis nous laisseront encore quelques raisins. Bénissons Dieu !

Demain ce sera la vendange, les grappes juteuses que l'on coupe en chantant, les comportes pleines que les hommes emportent à la cuve, puis, dans l'obscurité, la fermentation mystérieuse d'où naîtra le vin.

Le vin que Dieu a créé pour que l'homme agisse dans la joie. Il donne de la gaîté dans l'action par le ton qu'il procure aux muscles.

C'est un superflu dans l'existence. Quand nous avons soif, c'est de l'eau, rien que de l'eau que réclame notre organisme... et non pas du vin. Mais pourtant ce superflu est utile, presque nécessaire et Dieu nous le donne. Il veut que ses enfants vivent et travaillent dans la joie. Dans l'Ecriture, Dieu daigne nous assurer que le vin nous est donné pour cette allégresse : *Bonum vinum lœtificat cor omnium.*

Merci, mon Dieu.

Mais Dieu a fait plus. Il a choisi cette liqueur coulant de nos vignes pour le grand sacrifice qui reproduit celui du calvaire. Avec le pain, le vin est la matière du sacrifice eucharistique.

Les pays qui n'ont pas de vignes, sont, pour leur vie religieuse, tributaires de nos contrées méditerranéennes.

Oh! que les âmes de chez nous soient transformées en Jésus-Christ, comme sont transsubstantiées en lui les humbles productions de nos terres françaises.

C'est l'été de la Saint-Martin.

Des arbres jaunis les feuilles tombent, les branches dépouillées dessinent sur le ciel un lacis délicat, on distingue sur elles les nœuds marquant la place des bourgeons, espérances du printemps prochain.

Les champs ont l'air aussi dépouillés que les arbres, les labours, hersages, roulages ont enterré jusqu'aux herbes folles; la coloration du sol se nuance du gris au noir, en passant par toutes les teintes de l'ocre et du marron. Mais, sous la couche légère qui la protège contre le froid, la graine se prépare à lever : la plantule sera bientôt assez forte pour résister aux neiges du grand hiver.

Les poules ont mué. Les produits précoces de l'an passé vont commencer à pondre.

On gorge les oies... Espérances succulentes pour les fêtes de Noël et de l'an nouveau.

Au clocher le glas tinte, et l'on fleurit de chrysanthèmes les tombes de nos chers morts.

Le *Dies irae*, dont les premières strophes nous terrifient, se termine en chant d'espoir : Ah, Seigneur! donnez-leur, donnez-nous le repos.

Et le 11 novembre — au jour même de la fête de saint Martin, — si l'on ne peut s'empêcher d'avoir quelque inquiétude à cause du sabotage de notre victoire, si l'on pleure les 1.500.000 morts qu'elle nous a coûtés, on sent tout de même qu'on est vainqueur et que Dieu protège la France.

Il n'est donc pas sur terre de mort définitive. Le soleil, en s'en allant, laisse partout l'espérance bien fondée de son retour et les germes de toutes les résurrections.

Pourquoi donc se laisser aller à la tristesse des

jours brefs, des jours brumeux, des jours plus froids?

La vie est un perpétuel recommencement. En réalité, il n'y a pas de vraie mort : *vita mutatur, non tollitur*, dit la préface liturgique de la messe de *Requiem* : la vie change d'aspect ou de nature. Dieu ne l'enlève pas au monde, il ne l'enlève pas à l'homme.

Au jour où sur terre elle semble s'arrêter, elle reprend son élan pour les triomphes du printemps prochain.

A l'heure où l'on ferme les yeux de ceux qui nous quittent, ces yeux s'ouvrent sur des horizons plus beaux.

> Bleus ou noirs, tous aimés, tous beaux,
> Les yeux qu'on ferme voient encore.

S'il en est ainsi pour la nature et pour l'homme, pourrait-il en être autrement pour l'Eglise?

Des paroles impies sont tombées de lèvres qui n'auraient jamais dû les prononcer : elles ont annoncé des ruptures avec le centre de l'Eglise. On veut déchristianiser les âmes enfantines, on persécute ceux et celles qui ont consacré leur vie à Jésus-Christ et à ses membres faibles et souffrants de l'âme et du corps...

Des arbres renaissants, les feuilles vont-elles

donc tomber encore? Le vent dévastateur va-t-il chasser de nouveau vers l'exil ceux et celles qui sont rentrés pour défendre la France sur les champs de bataillle ou soigner les Français dans les hôpitaux? Le sol du pays, labouré et remué par quatre années de guerre, après avoir été fécondé par quatorze siècles d'apostolat des moines et des prêtres, va-t-il rester nu, dépouillé de ses maisons, de ses collèges, de ses écoles, de ses établissements religieux?

Les cloches tintent-elles pour la dernière fois... et est-ce le dernier glas qui descend du clocher?

Est-ce sur la tombe de la vie religieuse en France que des académiciens jettent des fleurs?

Ah! que non pas!

Les branches des vieux arbres sont prêtes à se gonfler de sève, une rumeur passe dans leurs rameaux. C'est la voix des évêques et c'est la voix du peuple. Voix des vieillards chargés de la conduite du troupeau, voix des jeunes qui sentent sur leurs jeunes épaules la responsabilité de la France de demain, voix des femmes qui savent que la foi chrétienne seule garde le bonheur au foyer et la fécondité à la race, voix des camarades de combat qui ne toléreront pas qu'on moleste les camarades de combat...

Fin d'automne, veille d'hiver, vous n'êtes pas sans espérances!

XXII

L'HIVER

Noël, l'Epiphanie, la Sainte-Famille, la Purification... c'est Jésus-Christ.

L'enfant c'est une joie. *Evangelizo vobis gaudium magnum,* je vous annonce une grande joie, disait l'ange aux bergers...

Pourquoi l'enfant apporte-t-il la joie au foyer?

Tout d'abord, parce que c'est une raison de se dévouer, ou mieux l'objet d'un dévouement.

Le plus souvent on n'est pas malheureux de ne rien recevoir, on souffre atrocement de ne pouvoir donner et se donner.

La raison profonde de l'ennui qui dévore certaines existences est justement cette sensation pénible d'une plénitude d'amour qui ne peut se répandre. On étouffe dans une vie mesurée, le cœur gonflé d'amour sans objet.

L'amour vient... il est si faible qu'il a besoin de tout nous-mêmes; corps et âme, on se donne, on donne son temps, ses préoccupations.... la joie rentre dans une vie avec le dévouement.

L'Enfant-Dieu est venu! Il daigne avoir besoin de nous. Dévouez-vous pour Lui.

L'Enfant-Dieu est venu! Vous pouvez l'aimer, sans mesure... à l'infini.

L'Enfant-Dieu est venu! Pour Lui, oubliez-vous.

S'oublier?... S'oublie-t-on tout à fait auprès du berceau de l'enfant?

Oui et non.

L'enfant est une joie parce qu'on se donne; mais il se donne aussi, il est une espérance.

Espérance pour la race qui, par lui, se continue;

Espérance pour le pays dont il créera la richesse, assurera la défense;

Espérance pour les parents dont il sera la fierté et l'appui.

Qu'il y a de choses dans un berceau!

Qu'il y a de choses dans ce berceau rustique qu'est la crèche de Bethléem!

C'est la famille humaine réconciliée avec le Père du Ciel!

C'est notre terre échappant à la malédiction : les vertus vont y fleurir, il fera bon vivre dans la société chrétienne.

C'est l'espérance du pardon, du soutien **dans** les jours mauvais de péché ou de tristesse.

L'Enfant-Dieu est venu, c'est l'Espérance.

Par les fêtes de l'enfance divine débute l'année.

Jours d'enfance incertains.

On est heureux de vivre une année nouvelle.

On est anxieux... Qu'apportera-t-elle à la famille, à la patrie, à nos personnes, l'année qui vient de naître?

Elle apportera bien quelque croix : la croix accompagne l'homme, et l'Homme-Dieu l'a rencontrée comme nous tous, plus que nous tous.

Mais avec lui c'est la croix triomphale.

L'année commençant à Bethléem, se continue par le Carême et le Calvaire, mais, quand viendra le soleil clair du printemps, ce sera la fête de la Résurrection des choses, des hommes et de l'Homme-Dieu.

L'année sera bonne.

TABLE DES MATIÈRES

IMP. FOURNIER, R. CONSTANTINE, TOULOUSE

www.ingramcontent.com/pod-product-compliance
Lightning Source LLC
La Vergne TN
LVHW021854170726
843503LV00003B/1227